検証！国保都道府県単位化問題

統一国保は市町村自治の否定

著／寺内順子

日本機関紙出版センター

もくじ

もくじ

はじめに

国保都道府県単位化で貧困が拡大するという問題意識

2015年4月23日の朝、私は衆議院にいました。衆院厚生労働委員会での医療保険改革一括法案の参考人として意見を述べるためです。

国保都道府県単位化に対する1年前の指摘で、少し長くなりますが、私の陳述を紹介します。国保都道府県単位化で貧困が拡大するという問題意識はいまも全く変わりません。私が、都道府県単位化問題にこだわり、徹底的に反論するのは、この問題意識があるからです。

衆議院　厚生労働委員会　参考人意見陳述

私は大阪社会保障推進協議会という大阪の社会保障運動団体の事務局長をしております寺内順子と申します。本日は国保の都道府県単位化により貧困がより拡大するという視点で反対意見をのべさせていただきたいと思います。

私が申し上げたいのは次の3点です。
①　現在の国民健康保険料（税）は限界を超える高さであるという実態。
②　都道府県単位化ではこの国保料（自治体数で言うと税が圧倒的に多いですが、人口では料が多いのでここでは国保料と表現します）は下がるどころか上がる可能性が高いという点。
③　高すぎる国保料だから滞納が起こり無理やり徴収しようとしてさらに違法な差押えが起きるという点。

1. 国保料はワーキングプア世帯にとっていかに高いか

現在の国民健康保険制度は１９６１年、昭和36年に「皆医療保険」つまり、国民全員が何らかの医療保険に加入することを義務化するため他の医療保険に入れない人たちが加入する医療保険制度として再編されました。当初から加入者は無職者・低所得者であり、保険料だけで運営することは不可能であったため、多くを国庫負担で賄うことを条件とした制度設計でスタートしたという歴史があります。もともと国保収入の70％あった国庫負担が１９８４年を境に低下し、現在は23％程度しかなく、都道府県支出金をあわせても30％しかありません。減らされた国庫負担の穴埋めのために市区町村が一般会計法定外繰入をするのは当たり前のことで、それでも市区町村の負担は全体の6％もなく、介護保険の12・5％の半分にもならないことを指摘しておきたいと思います。

さて、現在の国保加入者ですが、世帯主の職業は被用者（労働者）が35％です。フルで働いていて

2014年度シングルマザー世帯国保料

①40歳代母＋未成年の子ども2人
②20歳代母＋未成年の子ども1人
③30歳代母＋未成年の子ども3人

	所得 110 万円（収入 184 万円）			所得 200 万円（310 万円）		
	①	②	③	①	②	③
大阪市	220,100	163,109	160,276	371,204	276,510	304,096
札幌市	214,588	158,240	154,355	373,794	275,230	297,776
横浜市	214,491	147,148	164,916	356,905	249,884	307,140
京都市	218,859	161,058	167,491	405,957	277,284	317,830

（各市ホームページより、筆者計算）

も非正規雇用、そしてパート・アルバイト、ワーキングプアの人たちです。加入世帯の平均課税標準額（所得総額から基礎控除をひいた金額）は112万円しかなく、平成21年から25年の5年間で世帯所得は17万円も下がっています（出所国民健康保険実態調査）。

シングルマザー世帯の国保料

ここでは典型的なワーキングプアであるシングルマザー世帯の国保料の高さについて述べたいと思います。シングルマザー世帯は「平成23年度母子世帯等調査」によると123万8千万世帯、現在はさらに増加しています。

大阪市が昨年実施した「平成25年度大阪市ひとり親家庭実態調査」によると、大阪市のシングルマザーの平均総収入は184万円で平均的なシングルマザー世帯は母親40歳未成年の子ども2人の3人世帯です。シングルマザーの8割は働いており、保険証がないと自治体が実施している「ひとり親世帯医療費助成」を使えないので必ず国保に加入をしています。なお、収入184万円は所得では約110万円、国保の平均世帯所得に一致するので、国保に加入している現役世代の平均的な姿だと思ってください。

収入184万円、所得110万円の大阪市のシングルマザー世帯の平成26年度国保料は年間22万円。さらに国民年金保険料が年間18万7千円。社会保険料だけで約40万円、収入の約22％。他の政令市で計算しても札幌市は21万5千円、横浜市は21万5千円、京都市で22万円とほぼ同額です。

大都市のシングルマザー世帯のほとんどは賃貸マンションに住んでおり、大阪市であれば家賃は月6万円は必要、社会保険料と家賃で112万円を超え、残りは72万円で、月6万しか残らず、その中から光熱費や様々なお金を払えば家族3人の生活費は1日1000円もありません。どんな生活なのか、何を食べて暮らしているのか、想像できるでしょうか。1日2食、1食は学校給食、もう1食はご飯とふりかけという子どもたちがたくさんいるのです。

高すぎる国保料がより貧困をつくりだしている

高すぎる国保料が貧困世帯をより貧困にしていることとあわせ、年金保険料など払えるはずもなく、将来にわたって貧困を連鎖させていることを指摘せざるを得ません。食べるものも食べずに国保料・年金保険料を払うなど絶対におかしい。お腹をすかせた育ち盛りの子どもたちを目の前にして、この高すぎる国保料を払いきることは不可能で、ない袖は振れません。だから滞納が起きるのです。

2. 都道府県単位化で国保料は安くならないし、納付金でさらに高くなる可能性がある

では、国保都道府県単位化でこの高すぎる国保料は安くなるのでしょうか。

都道府県単位化の議論にあたり全国知事会の問題意識はこの高すぎる国保料でした。昨年夏には知事会から「少なくとも協会けんぽ並みの保険料とするための1兆円の投入を」との要望が出されましたが、結局は3400億円のみとなりました。

厚生労働省は3400億円投入で一人1万円の財政効果があると強調していますが、3400億円は現在の全国の市区町村による一般会計法定外繰入3900億円よりも少ない。つまり、現在の一般会計法定外繰入を全額そのまま維持しないと効果はでないということになります。

さらに、3400億円のうちの今年度から投入する1700億円によって低所得者の保険料が安くなるわけではないと指摘せざるを得ません。なぜならば、昨年から実施の5割・2割軽減の対象世帯拡大という形で投入された500億円のように、直接低所得者の保険料が安くなるよう投入するのではなく、政令軽減世帯の割合によって交付するという方法では、市町村がその収入を現在の赤字補てんに投入したり、収入による国保会計の黒字分を都道府県単位化以降の納付金100％完納のために基金をさらに大きく積み上げる可能性があるからです。

もうひとつの後期高齢者支援金の全面報酬制導入による1700億円ですが、まず2000億円の財政安定化基金を増設し、平成30年度からは1700億円の約半分は都道府県調整交付金に投入

されます。交付金の割合はこれまでと同じ、今まで交付金に高額療養費の国庫負担分を肩代わりさせていた部分を埋めるだけの話ですから、これを財政効果といえるのでしょうか。

さらに、残り半分は「保険者努力支援制度」を創設して医療費適正化や保険料（税）収納率アップなどに努力した市区町村に交付するとされており、資格証明書発行や滞納処分に力をいれれば交付するというお金になります。後で述べますが、保険料収納率アップのためにいま市区町村が何をしてるのか、差押えの実態は、脅しと違法行為そのものです。それを後押しするようなことになるのではないかと危惧しています。

納付金100％納付のために自治体はどう動くか

さらに「分賦金方式」、法案上は「納付金」と変更されたこの市町村から都道府県への保険料上納方式ですが、これにより保険料がさらに高騰する可能性があることも指摘せざるを得ません。納付金とは、都道府県が都道府県内の1年間の医療給付費から公費などの収入額を引いた必要保険料額を、被保険者数・医療費実績・所得水準での按分により市町村に割り振るもので、市町村は都道府県への100％納付が義務付けられます。つまり市町村から都道府県への「年貢」のようなものです。

全国の平成25年度平均収納率は約90％で10％足りません。では都道府県に100％納付をするために市区町村はどう動くでしょうか。考えられるのは4つです。

①　一般会計法定外繰り入れで埋める。現在実施している自治体であれば実施する可能性がありま

すが、今まで以上に繰り入れる必要があります。

②市町村の基金で穴埋めをする。現在全国で3000億円ほど積み上げられていますが、基金はいずれ底をつくので、基金を維持しようとすれば、納付金以上の保険料収入を得てさらに積み上げるしかありません。

③新しい都道府県財政安定化基金から借りる。借りれば当然返済しなければならず、次年度保険料値上げの要因となります。

④納付金よりかなり割増しの賦課総額にして保険料を計算し、9割の収納率でも納付金100%になるようにする。計算上は11・1%割増となります。当然保険料はいまよりかなり高くなります。

介護保険制度での経験から、市町村は財政安定化基金から借りるのではなく、収納率90%で納付金100%を超える保険料を設定する可能性が一番高いのではないでしょうか。

また、国保の都道府県化で市町村会計が大きく変わります。時間的に詳しくは申せませんが、簡単に言うと大都市国保はさまざまな要因でこれまで会計が大変でしたが、財政安定化共同事業の交付金などさまざまな収入が入ってくるようになります。一方小規模自治体国保は独自の保険事業などの努力により医療費水準を押さえ保険料収納もよく、その結果黒字会計で推移してきたわけですが、今後は困難になっていくことが予想されます。

3. 自治体は保険料回収のために住民を脅し違法行為を行っている

昨年「朝日新聞」で報道され11月6日の参議院厚生労働委員会で日本共産党小池晃議員から質問があった群馬県前橋市の差押えでは、私たちが把握しているだけでも年金や給与の全額差押え、差押えのため持ち家が売却できず結局強制競売され自己破産したケース、児童扶養手当の差押え、生活保護費の差押えなど違法行為が行われています。

山口市では、納付相談も分割納付もしてきた滞納者に対して、夜間営業中の客がいる飲食店に突然10人ほどの市の職員が押しかけ家宅捜索をしたり、店主の財布の中から現金を差し押さえるという事案がいくつも起きており、そのことにより仕入れもできない、営業も続けられないという状況に陥っているケースもあることを把握しています。

また、多くの道府県に設置されている「債権回収機構」などでは住民の納付相談に一切応じないケースが多々あります。

厚生労働省データをもとに大阪社保協で作成した平成25年度の国保滞納世帯に対する差押えデータでは、大阪市の滞納世帯に対する延べ差押え数は1761件、対滞納世帯差押え率は1・7％です。大阪府内の他の自治体の差押え率も2桁をこえるものはありません。一方、群馬県前橋市の差押え数は8086件、差押率はなんと87・4％。加入世帯は前橋市5万4千世帯、大阪市48万世帯で約9倍。一方、差押え数は前橋市が41倍、率は51倍です。大阪市は2009年以降、独自に債権回収室も設置し財産調査や滞納処分にも力を入れている自治体ですが、私たち大阪社保協は滞納処分問題について数年にわたり情報公開で差押調書を全公開させ分析したうえで、何度も何度も話し合い「法令を守って行政執行を」と強くお願いし、大阪市はそれに応え法令順守の姿勢を守っています。その結果が差押率1・7％であり、前橋市の数字は違法行為をしない限りできないのではないかと思っています（差押えデータは大阪社保協ホームページ「各種データ」のページ参照のこと）。

11月6日の厚労委員会の小池議員の質問に対して塩崎厚労大臣は「ぬくもりをもった行政をやるべく徹底する」との答弁をされましたが、いま全国の自治体がやっていることはとてもそうした状況ではないし、差押禁止財産を差押えるという違法行為がまかり通っています。

塩崎厚労大臣が答弁された「ぬくもりをもった行政」とは、税や社会保険料の滞納状況からその世帯のくらしの困難さを察知し、自治体が行政の専門家として相談に乗りながら解決をしていく、商売や生活を成り立たせていくということではないでしょうか。

被保険者は保険料を払うために生きているのではない

最後に、低所得者が圧倒的多数である国保加入者の願いは、「くらしを成り立たせ、払うことのできる妥当な保険料で、安心して受診できる公的医療制度」です。被保険者は保険料を払うためにくらし、働いているのではありません。

そういう点からも貧困をさらに拡大する危険性のある都道府県単位化に反対する意見陳述を終わります。

第１章

国民健康保険都道府県単位化の背景・目的

２０１５年５月、「持続可能な医療保険制度改革を構築するための国民健康保険法等の一部を改正する法」が成立しました。この法律は名の通り、国民健康保険法を改正することが大きな目的で、２０１８年度から国保の保険者は都道府県と市町村になります。

持続可能な医療保険制度改革を構築するための国民健康保険法等の一部を改正する法

第二　国民健康保険法の一部改正

一　保険者に関する事項

都道府県は、当該都道府県内の市町村（特別区を含む。以下同じ。）とともに、国民健康保険を行うものとすること。（第三条第一項関係）

二　国、都道府県及び市町村の責務に関する事項

1　国は、国民健康保険事業の運営が健全に行われるよう必要な各般の措置を講ずるとともに、国民健康保険法の目的の達成に資するため、保健、医療及び福祉に関する施策その他の関連施策を積極的に推進するものとすること。（第四条第一項関係）

2　都道府県は、安定的な財政運営、市町村の国民健康保険事業の効率的な実施の確保その他の都道府県及び当該都道府県内の市町村の国民健康保険事業の健全な運営について中心的な役割を果たすものとすること。（第四条第二項関係）

3　市町村は、被保険者の資格の取得及び喪失に関する事項、国民健康保険の保険料の徴収、保健事業の実施その他の国民健康保険事業を適切に実施するものとすること。（第四条第三項関係）

まさに、1961年に国民皆保険の主軸制度としてスタートした現在の国民健康保険（以下、国保と略）は50有余年の歴史の中での大きな転換期を迎えることとなったのです。

保険者が都道府県と市町村となったのですが、実質的には国保の様々な実務（賦課、徴収、給付や健診等）は市町村が行います。しかし、市町村のみの単独運営であったこれまでの国保との最大の違いは都道府県が国保財政をにぎるということで、これにより都道府県が大きな権限をもつこととなります。

国保の構造的な問題解決をするためではない

２０１８年度（平成30年度）からの都道府県単位化を「国保を広域化し、スケールメリットにより国保の困難を解決するためだ」と思っている人がいまだ多くいますが、それは大きな間違いです。今回の都道府県単位化は国保の構造的な問題を解決するために行うのではありません。一言で言うと、「国保を医療費の適正化（削減）の道具にするため」なのです。

２０１４年に成立した医療介護総合確保推進法の中で、都道府県が地域医療構想（ビジョン）を策定することが義務付けられました。この地域医療構想で都道府県ごとの医療供給体制の枠組みを決め、医療費の大きなシェアを持つ国保を同時に都道府県単位とする、医療供給体制と医療費支払いをリンクさせる。つまり、財政を握ることによって医療適正化、医療費の削減をやろうとしているのです。

なぜ「医療費削減」か

【図表１】は厚生労働省作成「社会保障費の将来推計」に筆者が割合をいれたものです。

これをみると年金給付は10年間で金額は伸びず割合も下がります。これはすでに段階の世代が年金を受給していることと、今後、年金給付を受ける人口が減ること、そして年金額そのものを下げる年金「改革」が終わっているので、年金給付額の抑制効果がでるという推計です。

【図表1】 社会保障費の将来推計　厚生労働省資料より筆者作成

	2011年度		2015年度		2020年度		2025年度	
給付費	金額（兆円）	比率	金額（兆円）	比率	金額（兆円）	比率	金額（兆円）	比率
年金	53.6	50%	58.2	48%	59.2	44%	61.9	41%
医療	33.6	31%	38.9	32%	46.3	34%	53.3	35%
介護	7.9	7%	10.6	9%	14.8	11%	19.7	13%
子ども子育て	5.2	5%	6	5%	6.4	5%	6.5	4%
その他	7.9	7%	8.2	7%	8.9	7%	9.6	6%
総額	108.2		121.9		135.6		151	

※社会保障費とは国庫負担、自治体負担だけでなく自己負担も含めた総額のこと。

一方、医療給付費は金額も割合も大幅に伸び、年金と接近していきます。介護は2倍になりますが、医療の半分にもなりません。子ども子育てに至っては、給付も伸びないし、割合はさらに小さくなります。

国・厚生労働省の問題意識がまさに「年金改革（＝削減）は終った。次は医療適正化（＝削減）だ」ということがこの資料からも読み取ることができます。

第２章

都道府県が財政を握ることの意味

国保を市町村と都道府県が共同運営すると言っても、役割が大きく変わります。国保の全ての実務はこれまで通り市町村が担いますので、住民はいままで通り住んでいる自治体の役所に行って国保の手続きをしますし、保険料の納付書もこれまで通り役所から届くので、なにも変わっていないように見えるだろうと思います。ただ、保険証は「都道府県国保証」となります。

もっとも大きく変わるのは、国保財政の在り様、仕組みです。

具体的には、２０１８年度から都道府県に国保特別会計ができ、これまで市町村に入ってきていたお金（歳入）のほぼすべてがこの都道府県国保会計に入ることとなります。これを大変わかりやすく大阪府が図式化しているので見ていただきたいと思います【図表２】。なお、資料②については、この大阪府資料を加工して厚生労働省が使っています。

資料①は現在の国保財政イメージで、矢印はお金の流れを示しており、国・大阪府（都道府県と読み替え）及び支払い基金からのお金は全て直接市町村に入るようになっています。

資料②は都道府県単位化後の国保財政のイメージで、ほとんどのお金は新たに出来る大阪府国保

【図表2】 都道府県単位化前と後の国保財政イメージ

（第１回　大阪府、市町村国保広域化調整会議資料）

資料①

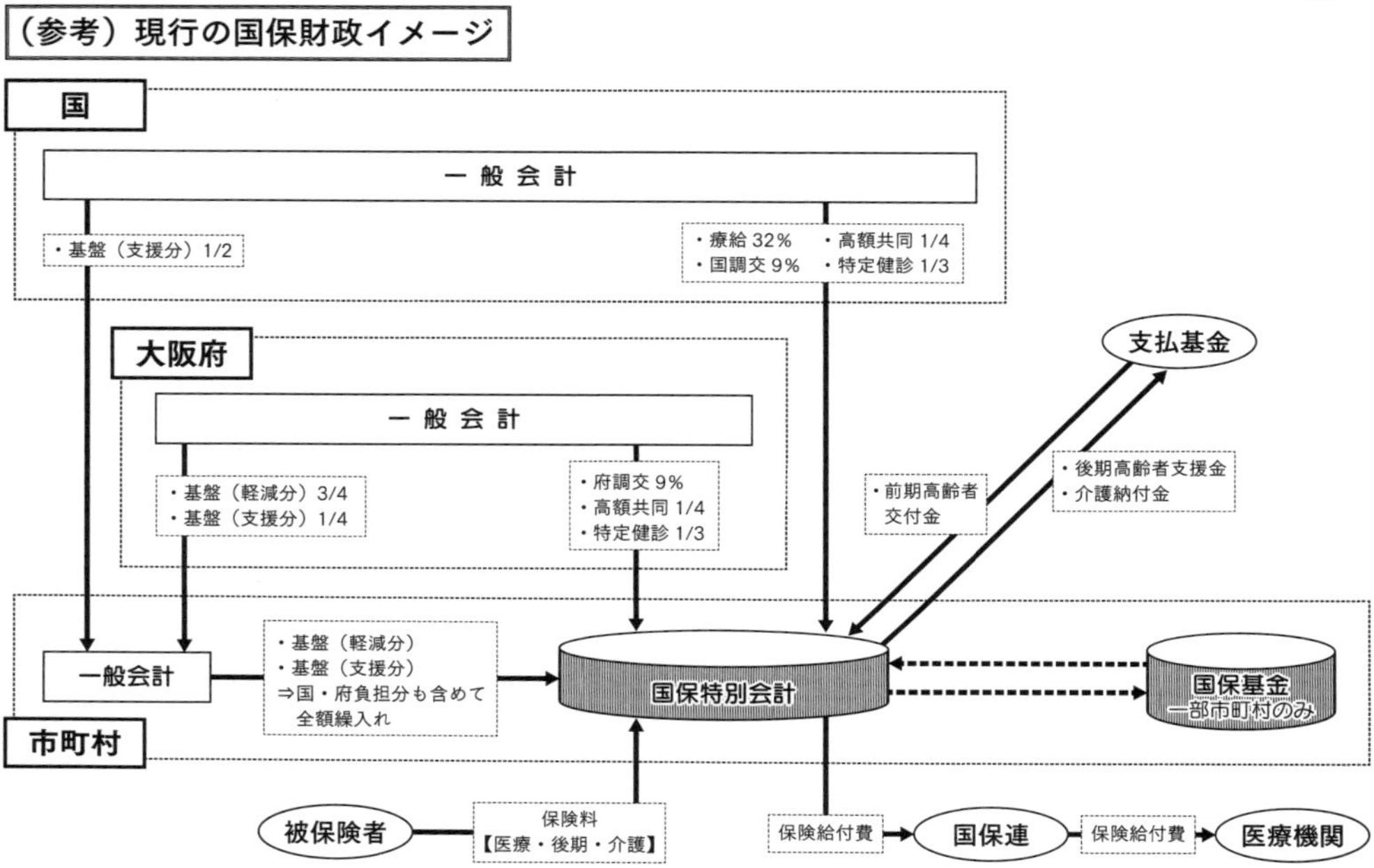

（第１回　大阪府、市町村国保広域化調整会議資料）

資料②

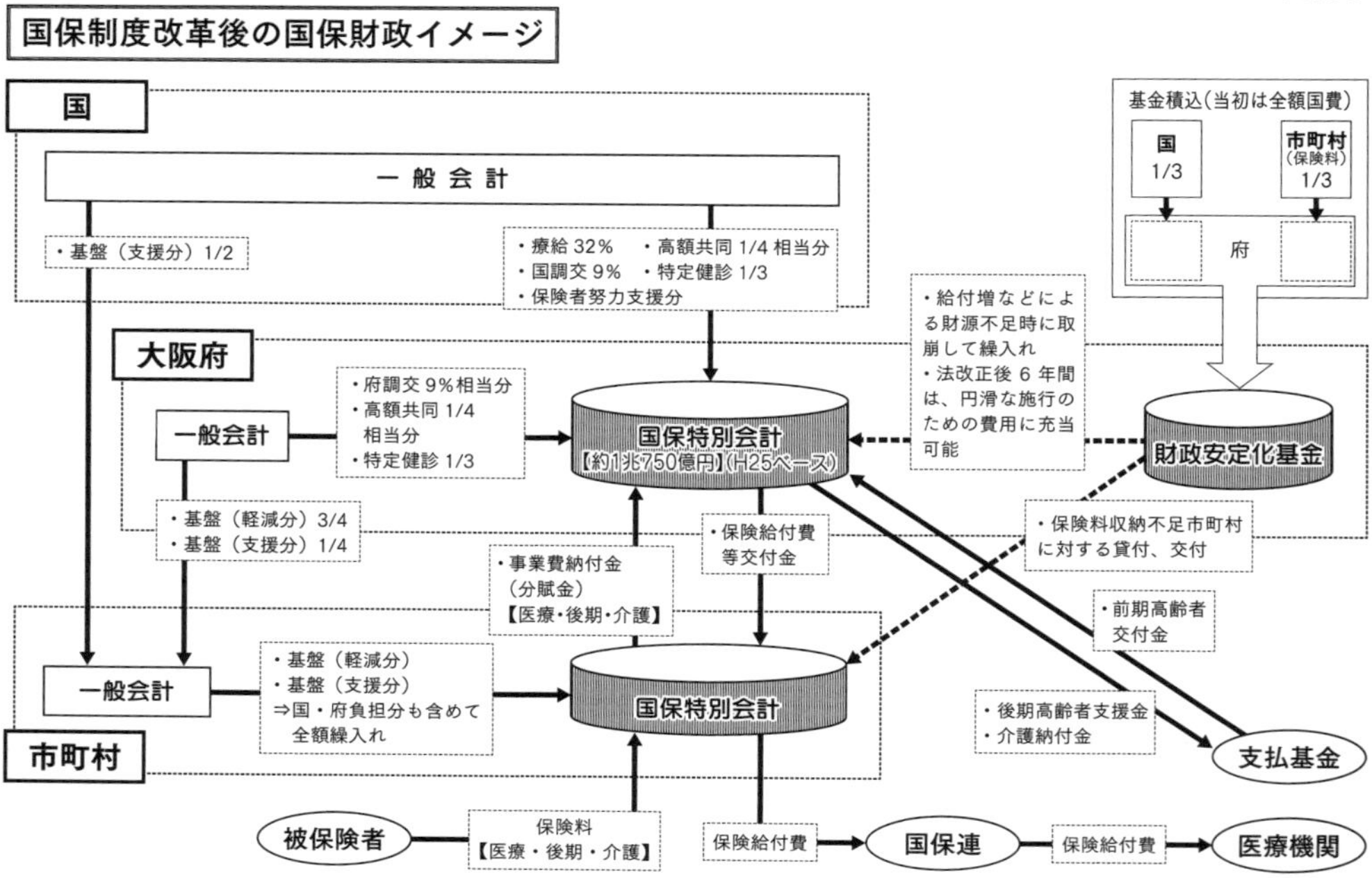

特別会計（各都道府県国保特別会計に読み替えてください）に入ります。その額は、平成25年度ベースで約1兆750億円という莫大なものです。

そして都道府県と市町村とのお金のやり取りは（一部基盤安定化部分は残りますが）、新しくできる「事業費納付金（納付金）」と「保険給付費等交付金」のみとなります。これが「都道府県が財政責任を持つ＝財政を握る」ということです。

この納付金と保険給付費等交付金を「医療費適正化」のための道具にするとどうなるでしょうか。つまり、医療費削減に努力した自治体には納付金を少なく算定したり、交付金を多く交付したり、反対に医療費削減ができない市町村にはペナルティー的に納付金を多く算定したり交付金を少なく交付できるとするならばどうなるでしょうか。

２０１８年度からすぐに医療費適正化の成果を実際に結びつけるかどうかは別として、これが「国保を医療費の適正化（削減）」の道具にするために都道府県単位化するということなのです。

第3章

ガイドライン案に書かれていること

2016年1月18日に「都道府県国民健康保険運営方針策定要領（案）」と「国民健康保険における納付金及び標準保険料率の算定方法について（ガイドライン案）」が初めて示されました。

この2つのガイドライン案については、大阪社保協ホームページ「国保都道府県単位化問題」のページに全文アップしていますのでぜひご覧ください。なお、この原稿を書いている時点ではまだ「案」のままであり、4月に入ってから「案」のとれたガイドラインが交付される予定です。

この章では主にこのガイドライン案と2月2日に開催された「市町村職員を対象とするセミナー（市町村セミナー）」で説明された内容について解説します。

都道府県がやること

今後、都道府県のやることは主に次の4つです。

① 2017年度中に「国民健康保険運営方針」を市町村との協議の上で策定。

②医療給付費見込み、所得を加味した1年分の「事業費納付金」を決定し市町村に賦課。

③国が提示する標準的な保険料算定方式にもとづき都道府県標準保険料率を出した上でさらに市町村ごとの標準保険料率を出す。市町村はこの標準保険料率を参考にして保険料を決定する。

④都道府県は必要な保険給付費を市町村に支払い、さらに保険給付の点検などを行う。

都道府県国民健康保険運営方針

ガイドライン案では、「新制度においては、都道府県とその県内の各市町村が一体となって、財政運営、資格管理、保険給付、保険料率の決定、保険料の賦課・徴収、保健事業その他の保険者の事務を共通認識の下で実施するとともに、各市町村が事業の広域化や効率化を推進できるよう、都道府県が県内の統一的な運営方針を定める必要がある」としており、これが「都道府県国民健康保険運営方針」です（筆者傍線）。

この運営方針は、市町村がこれまで独自裁量で決定し実施してきた保険料の賦課や保険業務の実務等に係るすべてのルールを統一するか、はたまた個別これまで通りでいくのかを定める国保広域化・都道府県単位化の最大の「肝」となるものです。

技術的助言とはなにか

ただし、このガイドライン及び都道府県国保運営方針そのものも、その扱いは、あくまでも「技術的助言」であるということが冒頭明記されています。

技術的助言とは、地方自治法第２４５条の４第１項等の規定に基づき、地方公共団体の事務に関し、地方公共団体に対する助言として客観的に妥当性のある行為を行い、又は措置を実施するように促したり、又はそれを実施するために必要な事項を示すものです（「総務省における今後の通知・通達の取り扱い」平成26年7月12日付）。

ですから、ここに書かれている内容は「法的拘束力」を持つものではなく、地方公共団体の自主性と自立性に配慮されたものでなければならないのです。

国保運営方針に定めること

ガイドライン案には「国保運営方針」に以下の事項を定めると書かれています（①～④は必須項目、④～⑧は任意項目）。

① 国民健康保険の医療に要する費用及び財政の見通し。
② 市町村における保険料の標準的な算定方法に関する事項。
③ 市町村における保険料の徴収の適正な実施に関する事項。
④ 市町村における保険給付の適正な実施に関する事項。
⑤ 医療に関する費用の適正化の取り組みに関する事項。
⑥ 市町村が担う国民健康保険事業の広域的及び効率的な運営の推進に関する事項。
⑦ 保健医療サービス及び福祉サービスに関する施策その他の関係施策と連携に関する事項。

⑧ ②〜⑦に掲げる事項の実施のために必要な関係市町村相互の連絡調整その他都道府県が必要と認める事項。

さらにガイドライン案には、以下の手順を基本として行うと書かれています。

① 市町村等の連携会議における関係者間の意見交換・意見調整。
② ①を踏まえて作成した国保運営方針の案について、市町村への意見徴収を実施。
③ 都道府県の国保運営協議会における審議と諮問・答申。
④ 都道府県知事により国保運営方針の決定。
⑤ 国保運営方針の公表。
⑥ 国保運営方針に基づく事務の実施状況の検証。
⑦ 国保運営方針の見直し（3年ごとが望ましい）。

なお、パブリックコメントについて実施する必要はないとしています。

2018年度以降、市町村の保険料算定方法が大きく変わる

事業費納付金という新しい言葉の説明をする前に、まず現在の国保料（税）の算定方法についておさらいしましょう。

現行の保険料（税）の決め方

（1）賦課総額をまず決める

賦課総額とは、今年度中に集めるべき保険料（税）の総額です。

賦課総額は、今年度の国保会計の支出予算総額から、今年度の国庫支出金や一般会計繰入金などその他収入見込み額を引きますが、それだけでなく、予定収納率を勘案して、多い目に賦課総額を決めます。これはあくまで医療分だけの賦課総額で、それ以外に介護納付分と後期高齢者医療への支援金分の賦課総額が決められます**【図表3】**。

賦課総額が多いほど、単純計算をすると保険料は高くなります。賦課総額は国保会計上は「支出」となりますが、支出総額の7割が保険給付費、つまり医療費です。そのため医療機関が多い自治体や高齢者が多い自治体は賦課総額が多い＝保険料が高い、ことになるわけです。

（2）応能割と応益割の割合を決める

国保料（税）は、他の社会保険が所得比例（国民年金は定額）となっているのに対して、所得や資産などその人の負担能力に応じた負担（応能負担）と、世帯当たりに一定額（世帯割）、あるいは被保険者一人当たりに一定額（均等割）という定額の負担（応益負担）から構成されています。

この構成比率の標準が国保法施行令や地方税法に、それぞれ**【図表4】**のように配分して算定し、賦課すると規定されています。

(3) 賦課限度額を決める

保険料（税）の上限です。２０１５年度は医療分52万円、後期高齢者医療支援分17万円、介護分16万円の合計85万円ですが、２０１６年度はさらにあがり、それぞれ54万円、19万円、16万円で合計89万円となります。市町村は条例によりこの上限より低い金額を決めることができます。

保険料（税）率・額を決める

① 賦課総額を所得割総額、資産割総額、被保険者均等割総額、世帯別平等割総額に条例に規定

【図表3】　国保料・税の決め方

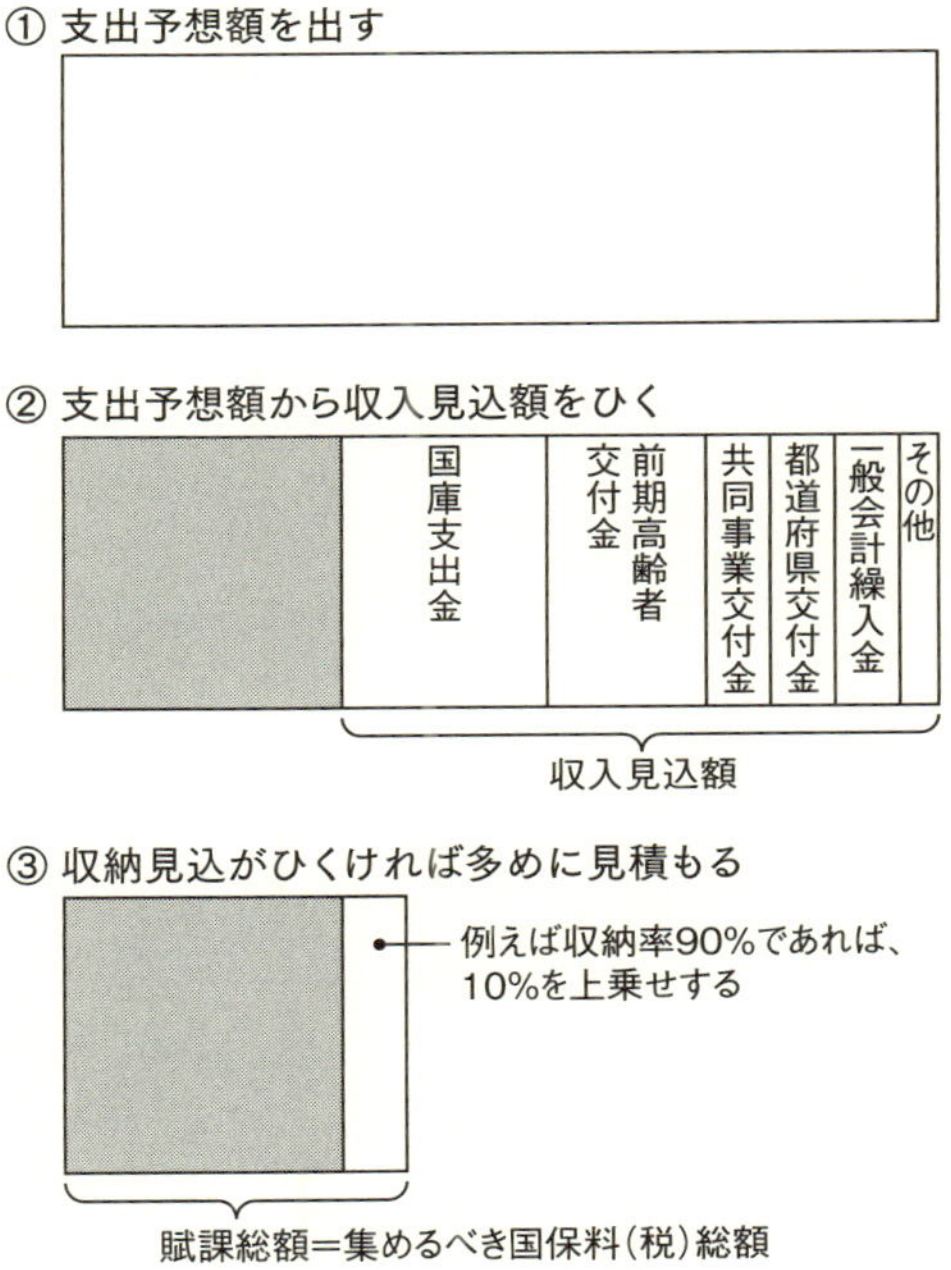
① 支出予想額を出す
② 支出予想額から収入見込額をひく
国庫支出金
前期高齢者交付金
共同事業交付金
都道府県交付金
一般会計繰入金
その他
収入見込額
③ 収納見込がひくければ多めに見積もる
例えば収納率90%であれば、
10%を上乗せする
賦課総額＝集めるべき国保料（税）総額

【図表4】　区分方式ごとの標準割合

区分	所得割	資産割	均等割	平等割
四方式	40%	10%	35%	15%
三方式	50%		35%	15%
二方式	50%		50%	

【図表5】 所得割50%、応益割50%（均等割25%、平等割25%）の場合

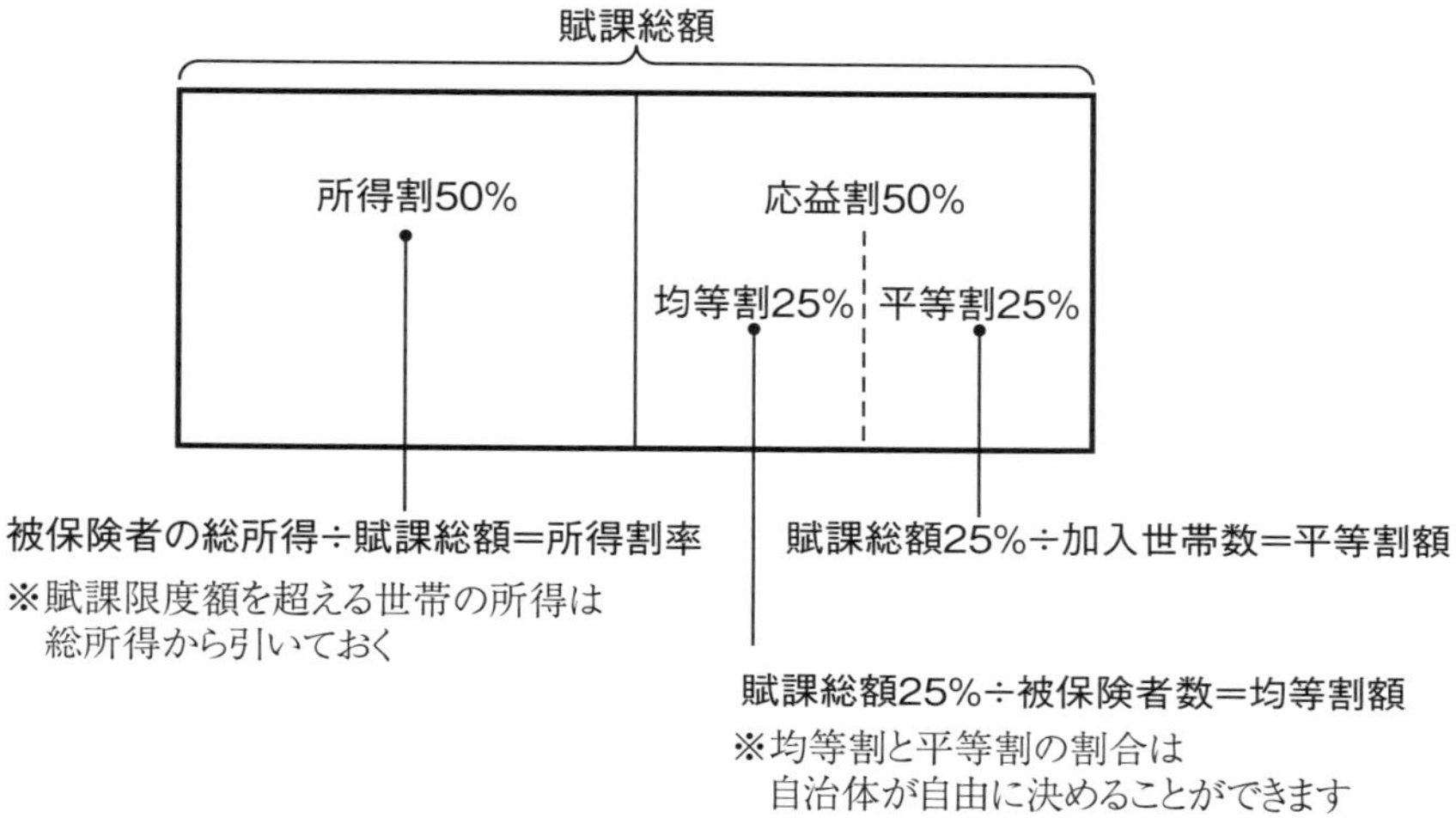

された比率【図表4】に従って分けます。

② 所得割料（税）率は、所得割総額を被保険者の総所得金額で割った率です。その場合賦課限度額を超える世帯の所得は前期の総所得から引いておきます。

③ 資産割料（税）率は、資産割総額を総固定資産税額で割った率です。

④ 均等割額は、被保険者均等割総額を被保険者（加入者）数で割った金額です。

⑤ 平等割額は、世帯別平等割総額を賦課期日における加入世帯数で割った金額です。

⑥ 介護分、後期高齢者医療支援金分も同様に計算しますが、介護分については、40歳から64歳までの被保険者、支援金分はゼロ歳からのすべての被保険者について計算します。

事業費納付金（納付金）とはなにか

都道府県単位化後の保険料算定は大きく変わり

ます。18頁【図表2】でみていただいたように、市町村国保特別会計には、国庫支出金（基盤安定化分以外）、前期高齢者納付金、都道府県交付金等々が入らなくなり、それらは都道府県国保特別会計に直接入るようになります。

つまり、現行のように保険料の前提になる賦課総額を収入と支出の試算で決めるやり方ではなく、都道府県が保険料給付費の推計から公費等の収入をあらかじめ差引して、保険料収納必要総額を算出し、当該総額を医療費水準及び所得水準に応じて都道府県内の各市町村に納付金として割り振り、市町村はその納付金に基づいて保険料を算定することとなるのです。

納付金は医療分、後期高齢者支援金分、介護納付金分を別々に計算することとなりますが、医療分だけの考え方についてガイドライン案をもとに簡単に解説します。

これもまた大阪府が作った28・29頁【図表6】の「国保事業費納付金について（イメージ）」が分かりやすいので見てください。なおこの資料はそのまま国のガイドライン案の資料としても使われています。

納付金の決め方

納付金総額（医療費分）の算定は、35頁の前期高齢者交付金や定額国庫負担などの公費等の見込みを差し引き、集めるべき都道府県単位の納付金を算定します。

その納付金を年齢調整後の医療費水準、所得水準で調整し、審査支払手数料や財政安定化基金の返済分の加算などを行い、各市町村の納付金額を算定します。

4　県内市町村での按分イメージ（市町村間での医療費水準を反映しない場合）

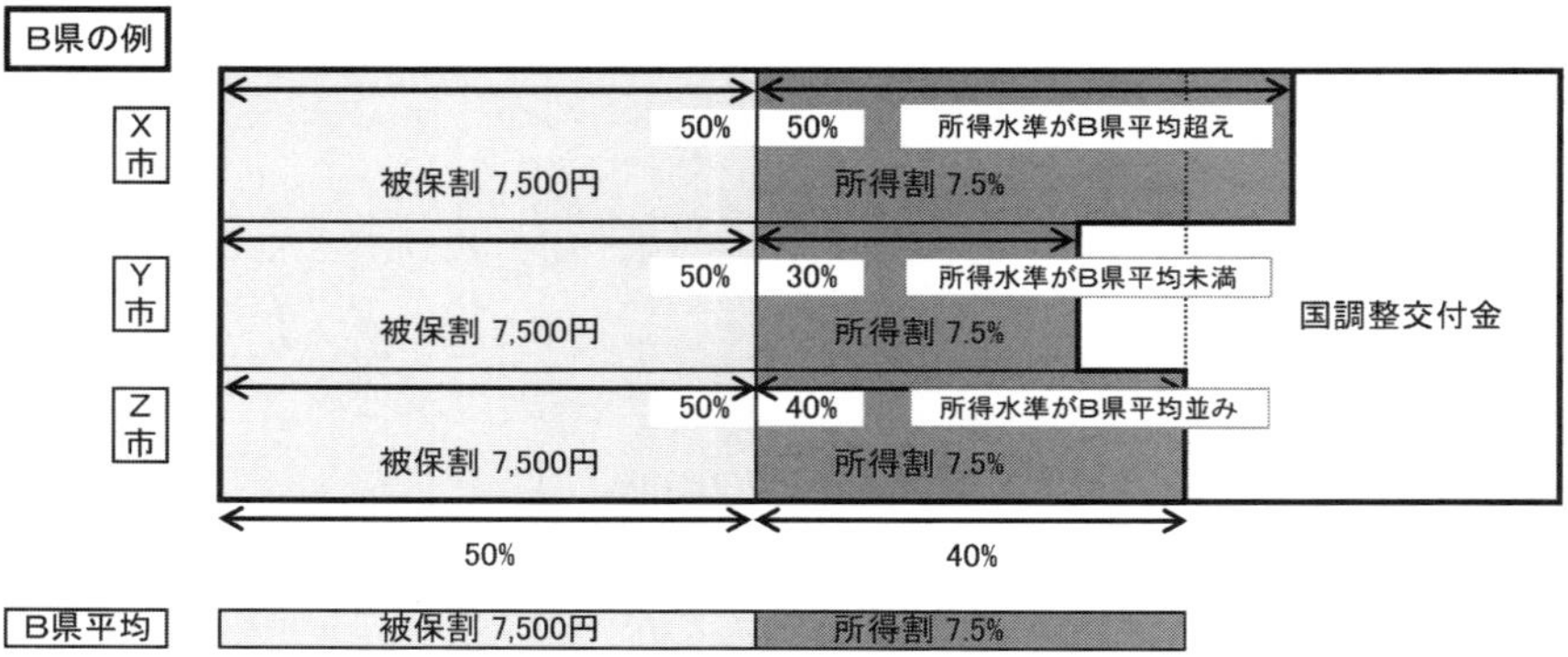

・B県内の市町村ごとの所得水準に応じて、「所得按分」の割合が変動する。
（全国平均並みの場合50%、B県平均並みの場合、この例では40%）

⇒　県内市町村ごとの「医療費水準」を反映しないことで、B県内での統一保険料率が実現

5　県内市町村での按分イメージ（市町村間での医療費水準を反映する場合）

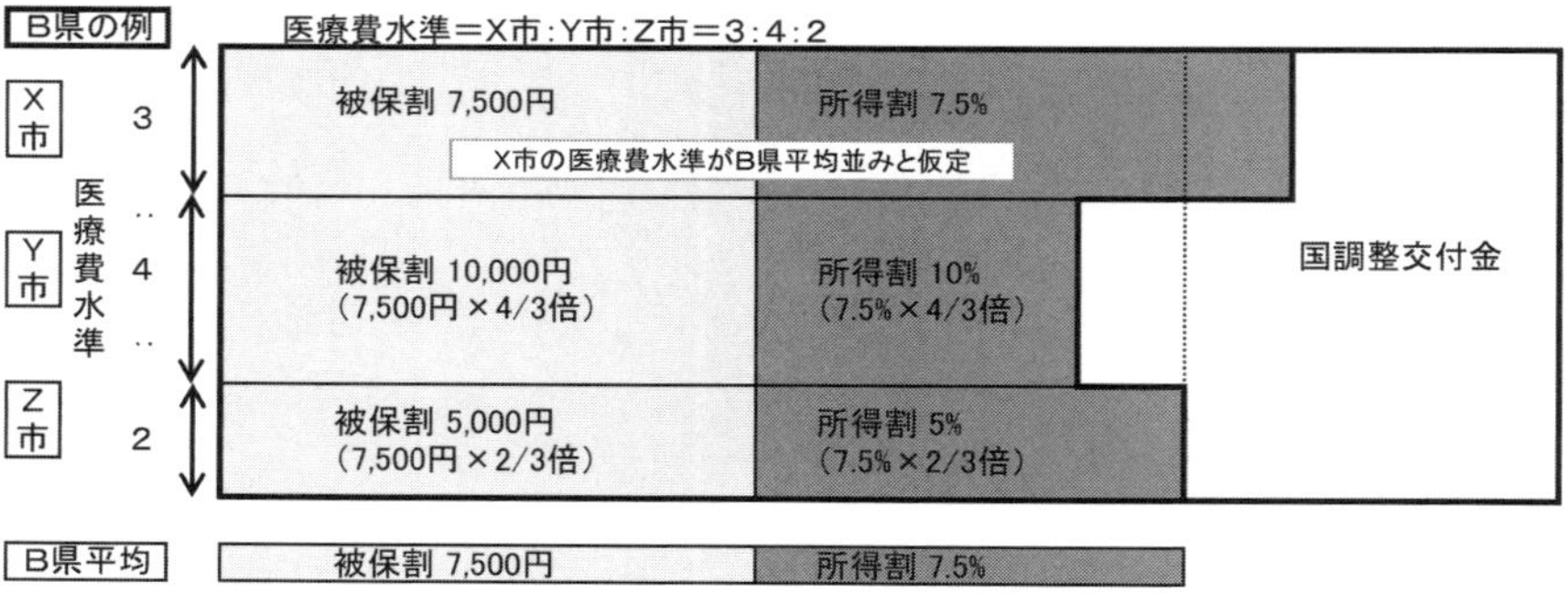

・B県内の市町村ごとの所得水準に応じて、「所得按分」の割合が変動する。
（全国平均並みの場合50%、B県平均並みの場合、この例では40%）

⇒　事業費納付金に「医療費水準」を反映した場合、統一保険料率は実現しない

注：この資料は、厚生労働省の資料を参考に大阪府で作成したものであり、正式に示されたものではない

【図表6】 国保事業費納付金について（イメージ）

1 事業費納付金の全国ベースでの負担のイメージ

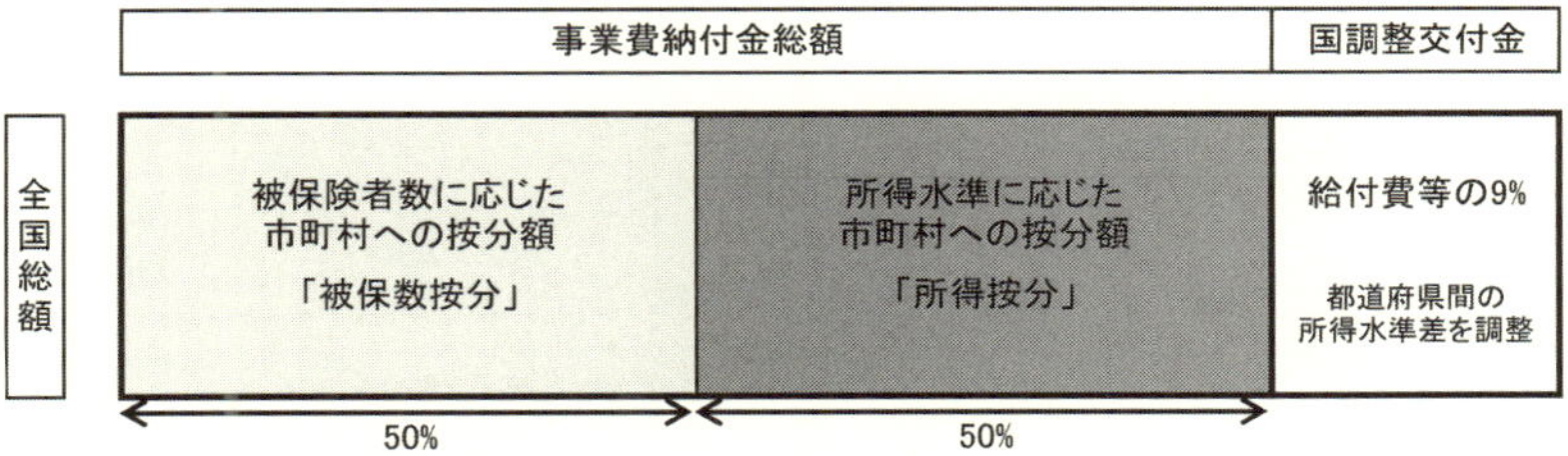

・事業費納付金の「被保数按分」と「所得按分」の比率は、**全国ベースで50:50**
・国調整交付金は**都道府県間の所得水準を調整**する機能となる（同じ医療費水準であれば同じ保険料率となるように交付）。

2 事業費納付金の「所得按分」の割合の変動と国調整交付金の交付のイメージ

※料率は全て仮のもの

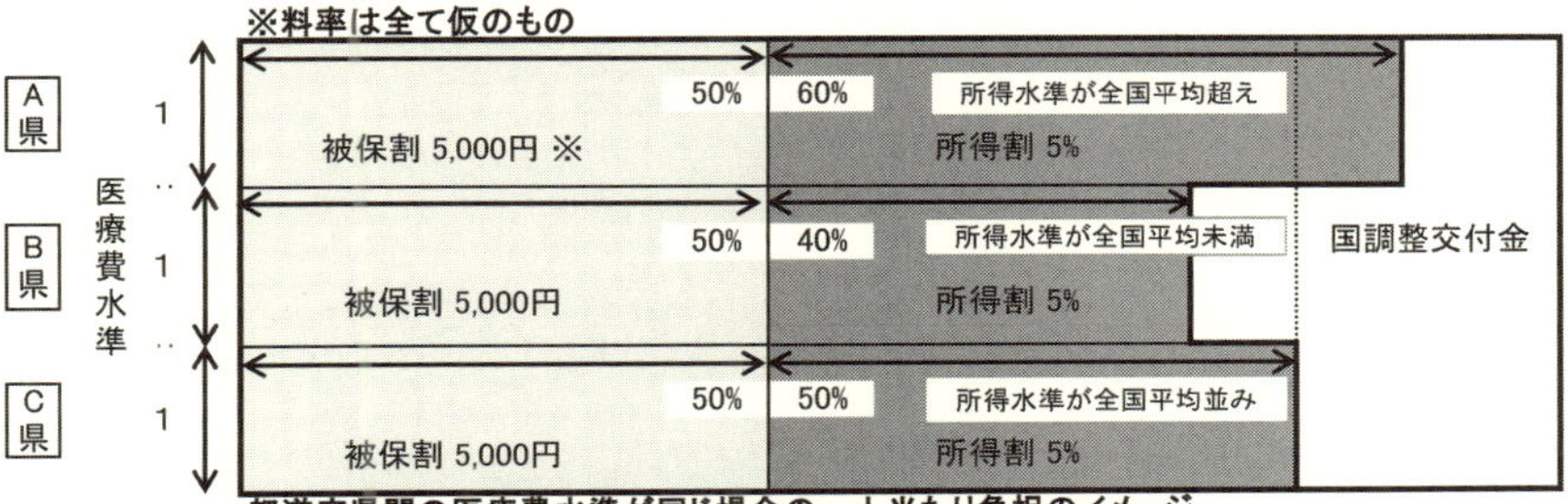

都道府県間の医療費水準が同じ場合の一人当たり負担のイメージ

・都道府県間の所得水準に応じて**「所得按分」の割合が変動**する（全国平均並みの場合50%）
⇒つまり「50:50」の固定ではなく、全国ベースで変動する
・「被保数按分」の割合は変わらない
・都道府県間の**医療費水準が同じ**であれば、**同じ保険料率**となるように調整交付金が交付される

3 都道府県間の医療費水準と県平均の一人当たり負担のイメージ

医療費水準＝A:B:C＝4:6:3 の場合

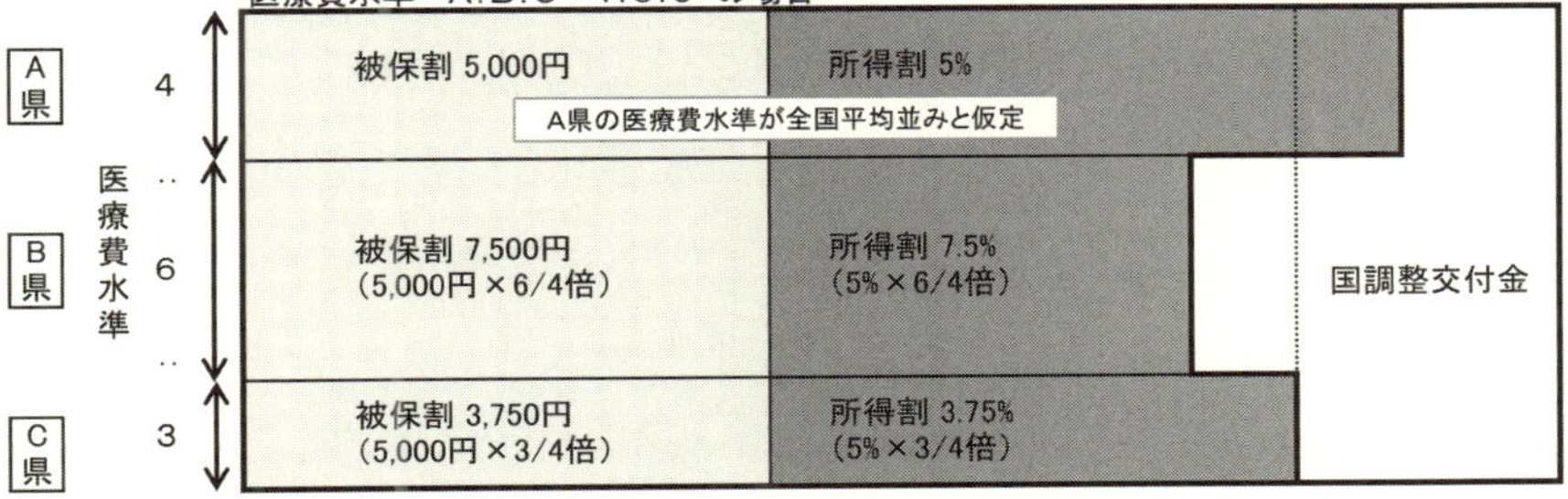

・都道府県内の**医療費水準**に応じて、保険料率が増減する。（所得水準による増減はない）
・都道府県別の料率を比較することで、**都道府県間での保険料負担の見える化**を推進

「主な納付金・標準保険料率の算定ルール」※詳細は引き続き地方と協議

(1) 納付金の原則的考え方

○ 納付金は医療費分、後期高齢者支援金分、介護納付金分にそれぞれわけて算定を行い、最後に合算した額が当該市町村の納付金総額となる。それぞれ以下の調整機能を担う。

○ ある年度の納付金を一度算定し市町村への割当額を確定させた後は、市町村の国保運営の安定化のため、当該年度途中は割当額の修正、精算等を行わないことを原則とする。

	全体調整	個別調整
医療費分	年齢調整後の医療費水準、所得水準による調整	その他特別な事情を考慮
後期高齢者支援金分、介護納付金分	所得水準による調整	―

(2) 納付金算定の手順（医療費分）

（納付金総額の算定）

○ まずは、納付金で集めるべき総額を算定。医療給付費の見込みから、前期高齢者交付金や定率国庫負担などの公費等の見込みを差し引くことで、当該都道府県全体で集めるべき納付金の総額（納付金算定基礎額）を算出。

○ 年齢調整後の医療費水準及び所得水準に応じて納付金算定基礎額を市町村ごとに配分する。これにより、納付金額の算定にあたっては、原則として同じ医療費水準（年齢調整後）である市町村は同じ保険料水準となる。また、各市町村ごとの合計額が納付金算定基礎額と等しくなるよう調整を行う。

（医療費水準による調整）

○ 医療費分の納付金については年齢調整後の医療費水準により調整を行い、当該水準を反映させた納付金の配分とすることが原則となるが、都道府県内で統一の保険料率を設定する観点から、当該調整は反映させないようにすることも可能。

※ α（医療費水準調整指数）＝1の時、年齢調整後の医療費水準を納付金の配分に全て反映。

※ α＝0の時、医療費水準を納付金の配分に全く反映させない（都道府県内統一の保険料率）。

○ 医療費のうち高額なものについては、高額医療費負担金による国と都道府県による補助があることから、各市町村分の金額を算出した後に、個別に各市町村の該当する医療費の多寡により、調整を行う。

（所得水準による調整）

○ 納付金で集めるべき総額のうち、およそ半分を市町村の所得のシェアに応じて配分、残りを市町村の被保険者数のシェアにより配分。その比率については、当該都道府県の所得水準に応じて決定する。

※ β（所得水準調整指数）：1で上記比率を決定。所得水準が、全国平均なみの都道府県の場合、β（所得水準調整係数）＝1とし、納付金で集めるべき総額のうち半分が所得のシェアによる配分となる。所得水準が高い場合にはβが1より大きくなり、所得シェアにより行う配分の比率が、被保険者数のシェアにより行う比率よりも高くなる。

（個別の調整）

○ 上記の調整により各市町村ごとの納付金基礎額を算出した後に、審査支払手数料や財政安定化基金の返済分などについて各市町村ごとに調整を行い、各市町村の納付金を算定する。

※ 退職被保険者等に関しては市町村標準保険料率に基づき必要となる納付金の額を別途計算し、一般分の納付金額に最後に加算する。

（３）標準保険料率の原則的な考え方

○ 標準保険料率は医療費分、後期高齢者支援金分、介護分の納付金額に応じてそれぞれ分けて算定する。その際、下記の３つの保険料率を算定する。

都道府県標準保険料率	全国統一の算定基準による当該都道府県の保険料率の標準的な水準を表す
市町村標準保険料率	都道府県内統一の算定基準による市町村ごとの保険料率の標準的な水準を表す
各市町村の算定基準にもとづく標準的な保険料率	各市町村に配分された納付金を支払うために必要な各市町村の算定基準にもとづく保険料率

（4）標準保険料率の算定の手順（医療費分）

（納付金額からの調整）

○医療分の納付金額から、保険者支援制度や国の特別調整交付金など当該市町村に交付されることが見込まれる公費を差し引くと同時に、保健事業や出産育児一時金など、保険給付費等交付金の対象となっていない費用については、各市町村個別に、それぞれの納付金額に加算し、標準保険料率の算定に必要な保険料総額を算出する。

（収納率による調整）

○標準保険料率の算定に必要な保険料総額を都道府県が定める標準的な収納率で割り戻して調整した後に、当該市町村の被保険者数や総所得をもとに、各算定基準に基づき、標準保険料率を算定する。

（5）その他特別なルール

都道府県が市町村との協議の場において予め各市町村の意見を伺った上で、下記のような調整を行うことを可能な仕組みとしている。

（激変緩和措置）

○ 納付金の仕組みの導入等により、「各市町村が本来集めるべき1人あたり保険料額」が変化し、被保険者の保険料負担が上昇する場合に対応するため、下記のような激変緩和の仕組みを設ける。

① 納付金の算定方法（α、β）を段階的に変化させることで納付金額を調整する。

② 都道府県繰入金による個別の調整を行い標準保険料率を変化させる。

③ 特例基金を活用し、納付金総額を調整する（平成30～35年度）。

（都道府県で統一の保険料率）

○ 医療費水準を納付金に反映させないことで、都道府県で統一の保険料率となるように、各市町村の納付金額を調整する。

※ この他、二次医療圏ごとに統一の保険料率にする、医療費の高額部分については都道府県内共同で負担すると

いった仕組みも用意。

（保険給付費等交付金の範囲の拡大）
○都道府県で統一の保険料率を目指す都道府県を念頭に、医療給付分に限られる保険給付費等交付金の範囲を保健事業や出産育児一時金等にも拡大し、そのため納付金として集めるべき総額についても拡大する。※その他の留意事項
○国は納付金・標準保険料率の算定に必要な係数を各都道府県に提示することとし、各都道府県は、上記係数を活用しつつ、都道府県の実情も踏まえ算定することとなる。

（2016年2月2日「市町村セミナー資料」より）

この納付金をベースとして都道府県が市町村ごとの標準保険料率を計算し、市町村がその標準保険料率を参考として保険料を賦課し、100%納付が義務付けられます。

医療費調整とは、5歳ごとの全国平均一人当医療費を各市町村の年齢構成にあてはめて一人当医療費を算出します。つまり、全国平均と同じと仮定した場合の医療費を算出するというものです。

保険給付費の推計に伴い都道府県全体として交付・納付することが見込まれる公費

・前期高齢者交付金

・前期高齢者納付金等（前期高齢者交付金及び前期高齢者関係事務費拠出金）
・退職者前期調整額（調整対象基準額に退職被保険者等所属割合を乗じて得た額）
・療養給付費等負担金
・国の普通調整交付金（医療分）
・国の特別調整交付金（市町村向けを除く）
・都道府県繰入金（市町村向けを除く）
・高額医療費負担金（国及び都道府県による負担金）
・特別高額医療費共同事業負担金
・保険者努力支援制度（市町村向けを除く）

※ 退職者前期調整額とは調整対象基準額（前期高齢者に係る医療給付費等の見込額と前期高齢者に係る後期高齢者支援金の概算額の合計額を前期高齢者加入率で調整した金額）に退職者所属割合を乗じて得た額
※ 保険者努力支援制度は都道府県分（都道府県向け指標で評価する分）、市町村分（市町村向け指標で評価する分）があり、都道府県分は①納付金総額から差し引く、又は②更に都道府県の定める指標に応じて市町村に重点配分を行うこととなる（都道府県内再交付）が、ここでは①の額。
※ 保険給付費や前期高齢者交付金等の推計に当たっては、国が示す係数を参考にしつつ、各都道府県の実情も踏まえて推計することとする。

（ガイドライン（案）より）

納付金は100%上納が義務

市町村は都道府県への納付金100%上納が義務付けられます。つまり市町村から都道府県への「年貢」のようなものです。

現行制度では、国保料が100%集められなくても、国保特別会計の中では他の収入もありますし、たとえ赤字になっても最悪「繰上充用」という形で次年度に繰り越しができます。しかし、都道府県単位化のもとでは、納付金計算の前段階で国庫支出金や前期高齢者交付金などが差引されてしまうため、剰余金は生まれません。それどころか納付金を100%保険料で集めきることは不可能なため、常に足りない状態になると考えられます。

納付金100%納付のために予想される4つの方法

全国の平成25年度平均収納率は約90%で10%足りません。では都道府県に100%納付をするために市町村はどう動くでしょうか。考えられるのは4つです。

①一般会計法定外繰り入れで埋める。現在実施している自治体であれば実施する可能性がありますが、保険料が上がる自治体は今まで以上に繰り入れる必要があります。

②市町村の基金で穴埋めをする。2013年度現在全国で3000億円ほど積み上げられていますが、基金はいずれ底をつくので、基金を維持しようとすれば、納付金以上の保険料収入を得てさらに積み上げるしかありません。2015年度以降、2018年度までに基金をさらに積み上げようとしている市町村がすでに出てきています。

③新しい都道府県財政安定化基金から借りる。借りれば当然返済しなければならず、次年度保険料値上げの要因となります。これは介護保険制度で経験済です。

④納付金よりかなり割増しの賦課総額にして保険料を計算し、9割の収納率でも納付金100%になるようにする。計算上は11・1%割増となります。当然保険料はいまよりかなり高くなります。

標準保険料率とはなにか

都道府県が決定した納付金が標準保険料率の基礎となり、保険料率を計算していくこととなります。

都道府県は、①都道府県標準保険料率、②市町村標準保険料率、③各市町村の算定基準にもとづく標準保険料率の3つの標準保険料率を示すこととなります。ややこしいですが、次のようになります。

①都道府県標準保険料率

全国統一の算定基準による当該都道府県の保険料率の標準的な水準。47都道府県が2方式（所得割と均等割で計算）で示します。

②市町村標準保険料率

都道府県統一の算定方法による市町村ごとの保険料率の標準的な水準。例えば大阪府の場合43市町村なので43市町村分を示すこととなります。

③各市町村の算定基準にもとづく標準保険料率

現行4方式（所得割・資産割・均等割・平等割）、3方式（所得割・均等割・平等割）、2方式があり、「平成26年度市町村税賦課状況の調」によると4方式が1005自治体（全国の57・5％）と圧倒的に多いのが実情です。よって各市町村の算定方法に基づき納付金を支払うための保険料率を示します。

統一保険料率に踏み込む

これまで、国は前述した③、つまり、都道府県が出す②の市町村標準保険料率をもとに各市町村がそれを参考としてそれぞれのやり方で保険料を算定すればいいと言ってきました。

しかし、ガイドライン案では「統一保険料率」にも踏み込んで書いています。

○都道府県又は二次医療圏ごとで統一の保険料率とするか。

・都道府県が市町村とともに国保の運営を担うことにともない、都道府県内の保険料水準を統一することも可能な仕組みとしている。ただし、都道府県内の医療費水準に差異がある場合などはまずは市町村ごとの医療費に応じた保険料率及び納付金の算定方式となる。

・都道府県内の市町村間の医療費水準の差や市町村の意見を踏まえ、都道府県又は二次医療圏ごとでの統一保険料率とすることの是非を検討する必要がある。

※ 都道府県で統一しない場合にも、都道府県内市町村の意見を踏まえつつ統一を目指した方針・道筋や目標年度等を示すことも必要に応じ検討。

※ 都道府県で統一する場合、更に、標準的な収納率により、納付金の額を調整するかどうかについても検討

○都道府県又は二次医療圏ごとで高額医療費を共同で負担するための調整を行うか。

・都道府県内や二次医療圏ごとに統一した保険料としない場合でも将来的な統一を目指して、一定額以上の高額医療費について、都道府県又は二次医療圏ごとに共同で負担する仕組みを設けていることから、このような対応を行うかどうかについて、都道府県内の市町村間の医療費水準の差や市町村の意見を踏まえ、その対応の是非を検討する必要がある。

※ 調整を行う場合には、その対象とする範囲について検討。

（ガイドライン案より傍線　筆者）

さらに、2月2日開催の厚生労働省「市町村職員を対象とするセミナー」では神野国保課課長補佐が次のように述べています。

「改革後のワーキングの中でも議論があった部分だが…医療費水準に応じた保険料率なのか、一本化するのかというところの考え方をまとめている。…医療費水準に応じたものであれば、当然インセンティブが働くというメリットがある。一方、一本化により標準化を図っていくのは、都道府県単位での国保運営に非常に馴染む考え方になると思う。結論としては、医療費格差が大きい場合は、原則として医療費水準に応じた保険料率とならざるを得ないと思っている。ただし、将来的に地域の実情を踏まえつつ、都道府県で一本化した保険料率をめざすこととなる」（「国保実務」2016年2月15日号）。

「統一料金、統一サービス」の流れが必ず起きる

「統一料金、統一サービス」というのは、保険料が統一であれば、市町村のサービス、つまり減免や保険証の取り扱いなど様々な独自実務も統一すべきだという意味です。

現に、全国一「統一国保」をめざして突き進んでいる大阪府の「事業運営検討ワーキンググループ」ではすでにその点での検討が始まっています（68頁～71頁【図表13】）。

「統一保険料」記載に意見続出

「統一保険料をめざすという記述は行き過ぎた記載ではないか」「今回の制度改革は統一保険料が目的ではないはずではないか」…こうした意見が、各県から出されてり、「保険料の一本化」といった記述はガイドラインでは「保険料水準の統一」などの標記に修正されるようです。

今回の都道府県単位化の目的は「医療費の適正化」であったはずで、大阪府が目指すような保険料統一化ではなかったことは確かです。

一般会計法定外繰入はどうなるのか

一般会計法定外繰入については、「これまでどおり、市区町村の裁量でできる」と厚生労働省は明言してきました。

しかしガイドライン案（財政収支の改善に係る基本的な考え方）には次のように書かれています。

> **（財政収支の改善に係る基本的な考え方）**
>
> ○ 国保財政を安定的に運営していくためには、国民健康保険が一会計年度単位で行う短期保険であることに鑑み、原則として、必要な支出を保険料や国庫負担金などによりまかなうことにより、国民健康保険特別会計において収支が均衡していることが重要である。

○しかし、実際には、多くの市町村において決算補填等を目的とした法定外の一般会計繰入や前年度繰上充用が行われているのが現状である。

○法定外の一般会計繰入の内訳についてみてみると、①決算補填等を目的としたもののほか、②保健事業に係る費用についての繰入などの決算補填等目的以外のものがある。

○このため、国民健康保険特別会計において、解消又は削減すべき対象としての法定外の一般会計繰入とは、法定外の一般会計繰入のうち上記①を指すものであり、各市町村の政策判断により積極的に行われている上記②については、必ずしも解消・削減すべきとまでは言えないものである（筆者傍線）。

　都道府県及び市町村において、財政収支の改善等について検討を行うに当たっては、まずは、こうした解消・削減すべき対象としての「赤字」の範囲について認識の共有を図ることが重要である。

（赤字解消・削減の取組、目標年次等）

○市町村において行われている決算補填等を目的とする一般会計繰入や前年度繰上充用については、今回の財政支援措置の拡充と都道府県から保険給付に要した費用を全額交付する仕組みの中で、解消が図られる方向となっているが、収納率の向上や医療費適正化の取組にあわせ、保険料の適正な設定等により、計画的・段階的な解消が図られるよう、実効性のある取組を定めること。

※　市町村ごとの標準保険料率（以下「市町村標準保険料率」という。）は、標準的な収納率をもとに算定した各市町村が徴収すべき額に係る保険料率であるため、市町村標準保険料率を賦課し、標準的な収納率分の保険料を徴収することができていれば、基本的に赤字は発生しないことに留意。

○　赤字市町村については、赤字についての要因分析（医療費水準、保険料設定、保険料収納率等）を行うとともに、必要な対策について整理すること。これを踏まえ、都道府県は、市町村ごとの赤字の解消又は削減の目標年次及び赤字解消に向けた取組を定めること。

※1　赤字解消・削減の取組や目標年次の設定は、都道府県及び市町村が十分に協議を行った上で、その実現可能性も踏まえつつ、最終的には、都道府県が国保運営方針とあわせて設定することとなる。なお、目標年次等の設定に当たっては、例えば、

・まずは赤字解消・削減の取組や目標年次に係る都道府県の全体的な方向性等について連携会議の場を活用し検討

・赤字市町村において、都道府県の全体的な方向性や赤字の要因分析及び必要な対策の整理を踏まえ、目標年次等の案を作成

・赤字市町村が作成した目標年次等の案を都道府県が集計

・都道府県において、他の赤字市町村の目標年次や取組状況も踏まえつつ、必要に応じ、目標年次の前倒し等について赤字市町村と協議といった手順で設定することも考えられる。その

際、市町村ごとに目標年次の設定の要否が年度単位で変動することも考えられるため、例えば、国保運営方針本体においては都道府県の全体的な方向性を定め、国保運営方針とは別に市町村の目標年次等を設定することとし、毎年、取組の評価に応じて見直していく方法が考えられる。

※２　赤字解消・削減の取組や目標年次については、新制度における納付金、市町村標準保険料率、公費等を勘案し、平成30年度から設定することが望ましい。

○その際、赤字の解消又は削減については、国民健康保険が一会計年度を収支として行う短期保険であることに鑑み、原則として赤字発生年度の翌年度に解消を図ることが望ましいものであるが、被保険者の保険料負担の急変を踏まえると、単年度での赤字の解消が困難な場合は、例えば、５年度以内の計画を策定し、段階的に赤字を削減し、できる限り赤字を解消するよう努めるものとするなど、市町村の実態を踏まえて、その目標を定めること。

このように書かれていると、必ず「赤字補てん目的の一般会計繰り入れはすべきでない」「一律、してはいけない」と介護保険会計の一般会計法定外繰り入れ禁止３原則と同様に金科玉条のようにいう市町村が出てくる可能性があります。

一般会計法定外繰入ですが、赤字会計補塡だけでなく、高すぎる国保料そのものを安くするために繰り入れている市町村が多くあります。それは、前年度の３月予算議会に提案される国民健康保険特別会計の収入に一般会計法定外繰入が計上されているかどうかを調べれば分かります。

49頁【図表7】のように全国的には東京都、神奈川県、埼玉県、茨城県、愛知県、大阪府などの市町村が一般会計法定外繰入をしており、この背景には50数年間にわたる市町村での高すぎる国保料引きさげのための住民運動と、それに応えてきた市町村独自の努力の歴史があるのです。

なおこの一般会計法定外繰入についても意見が多数出されており、記述が変わる可能性がありま す。繰り返しますが、あくまでもこのガイドライン案は「技術的助言」であり、法定外繰入を禁止することは法的にもできません。いずれにせよ、運営方針に盛り込ませないことが何よりも重要です。

抜け落ちた「高すぎる保険料問題」

「都道府県国民健康保険運営方針策定要領（案）」（ガイドライン案）冒頭にはこう書かれています。

> **（1）市町村国保の現状と課題**
>
> ① 財政運営上の課題
>
> ○ 市町村（特別区を含む。以下同じ。）が運営する国民健康保険は、被用者保険に加入する者等を除く全ての者を被保険者とする公的医療保険制度であり、国民皆保険の最後の砦ともい

えるものである。

○しかし、その財政単位を市町村としている現状においては、

・小規模保険者が多数存在し、そうした小規模保険者では財政が不安定となりやすいこと

・過疎化により小規模保険者の数は今後増大が見込まれること

・被保険者の年齢構成や所得分布の差異が大きいこと

・医療機関の偏在によって医療給付費の格差が生じていることなどの構造的な問題を抱えている。

○また、被保険者側からみれば、保険給付は全国共通であるものの、保険料は市町村ごとに大きく異なり、不公平感がある。

○これは、上記の構造的な要因に加え、市町村によって、

・保険料の算定方式が異なること

・健康づくりなどの保健事業や医療費適正化の取組に違いがあること

・収納率が低い場合、他の被保険者に負担が転嫁されること

・保険料の上昇を抑制するため一般会計からその財政状況に応じ法定外繰入をする場合があること

などによるものである。

○こうした問題に対しては、保険財政の安定化や保険料の平準化を図る観点から、これまでも

医療給付費の多寡や所得の差異に着目した国、都道府県及び市町村による公費投入、医療保険制度全体あるいは市町村国保間での財政調整、市町村合併や広域連合の活用などによって対応してきたが、いまだ十分とはいえない。

しかし、ここにはかつて「国保の構造的な問題点」として厚生労働省自らが指摘していた「保険料負担が重い」という点について一切言及されていません。

市町村国保の構造的な問題

1．年齢構成

①年齢構成が高く、医療費水準が高い

2．財政基盤

②所得水準が低い

③保険料負担が重い

④保険料（税）の収納率低下

⑤一般会計繰入・繰上充用

3．財政の安定性・市町村格差

⑥財政運営が不安定になるリスクの高い小規模保険者の存在

【図表7】　平成25年度（2013年度）都道府県ごと国保会計収支・一般会計法定外繰入額

（単位：円）

	都道府県名	被保険者数	収支決算（円）	一般会計法定外繰入（円）	
				総額	一人当
1	北海道	1,424,780	8,026,168,933	11,259,680,040	7,903
2	青森県	413,599	1,653,211,110	2,293,876,781	5,546
3	岩手県	336,869	3,783,344,100	930,013,716	2,761
4	宮城県	589,428	10,199,168,276	4,041,866,622	6,857
5	秋田県	271,056	4,586,215,831	755,518,971	2,787
6	山形県	280,785	4,334,246,438	737,578,767	2,627
7	福島県	527,197	14,379,470,564	2,829,019,329	5,366
8	茨城県	881,308	10,934,200,374	10,392,276,330	11,792
9	栃木県	569,573	9,337,100,230	1,949,912,828	3,423
10	群馬県	579,318	8,028,792,529	2,702,486,155	4,665
11	埼玉県	2,033,607	24,605,082,198	29,561,595,591	14,537
12	千葉県	1,769,597	10,649,028,087	16,783,914,806	9,485
13	東京都	3,666,021	30,372,542,765	117,545,387,957	32,063
14	神奈川県	2,344,623	25,876,763,866	46,389,502,135	19,785
15	新潟県	565,047	5,460,246,195	2,853,679,230	5,050
16	富山県	239,252	3,078,754,071	938,396,458	3,922
17	石川県	277,836	1,421,956,000	1,333,331,789	4,799
18	福井県	181,996	-1,479,275,577	1,302,982,361	7,159
19	山梨県	244,968	2,201,876,137	1,844,140,259	7,528
20	長野県	551,996	6,942,135,237	2,586,672,472	4,686
21	岐阜県	560,934	11,515,953,347	3,474,542,764	6,194
22	静岡県	1,018,990	14,951,702,705	7,659,029,283	7,516
23	愛知県	1,866,784	23,190,868,827	21,013,096,358	11,256
24	三重県	455,790	7,447,307,371	576,159,192	1,264
25	滋賀県	324,256	4,055,430,129	1,474,339,726	4,547
26	京都府	652,810	2,652,877,806	3,743,182,604	5,734
27	大阪府	2,469,595	-24,899,016,597	27,254,977,760	11,036
28	兵庫県	1,405,236	12,930,774,095	9,672,266,152	6,883
29	奈良県	370,746	2,833,749,665	615,458,776	1,660
30	和歌山県	306,319	2,554,866,066	884,218,635	2,887
31	鳥取県	143,266	823,435,142	389,330,490	2,718
32	島根県	157,298	1,030,069,263	337,489,070	2,146
33	岡山県	462,836	6,933,596,772	3,915,175,614	8,459
34	広島県	675,561	5,250,604,419	3,524,102,128	5,217
35	山口県	355,662	6,209,765,532	1,222,294,901	3,437
36	徳島県	185,720	3,073,598,400	226,833,387	1,221
37	香川県	241,446	1,130,905,698	2,188,398,365	9,064
38	愛媛県	382,004	4,445,495,196	1,825,710,323	4,779
39	高知県	207,225	-255,267,253	775,194,260	3,741
40	福岡県	1,292,458	-4,219,256,204	14,809,776,673	11,459
41	佐賀県	214,984	-4,348,109,589	1,379,259,441	6,416
42	長崎県	400,123	2,497,918,098	1,737,431,123	4,342
43	熊本県	508,516	4,067,861,369	5,203,244,452	10,232
44	大分県	298,858	2,950,579,368	1,104,463,734	3,696
45	宮崎県	329,267	3,527,870,739	632,534,647	1,921
46	鹿児島県	454,086	-655,434,877	5,725,317,720	12,608
47	沖縄県	483,239	-10,982,650,120	9,111,686,012	18,855
	合計	33,972,865	263,106,522,731	389,507,346,187	11,465

平成 25 年度国民健康保険事業報告より筆者作成

⑦市町村間の格差
（平成24年1月24日「国民健康保険制度の基盤強化に関する国と地方の協議」資料　筆者傍線）

標準保険料率は一般会計法定外繰入をしない前提で計算するので、現行保険料より高くなるはずです。なぜならば、仮に新たな財源投入の３４００億円（81頁【図表14】参照）が財政支援として投入されたとしても、【図表7】のように全国の市区町村による一般会計法定外繰入３９００億円（２０１３年度）よりも少ないからです。

つまり、現在の一般会計法定外繰入を全額維持したまま新たな財源を投入してはじめて引下げ効果がでるということになります。

このままでは、国民・被保険者を苦しめている「高すぎる保険料」問題は全く放置され、国保の都道府県単位化が貧困をさらに拡大させることとなるのです。

第4章

国に大きく影響与えている大阪府の動き

ガイドライン案の内容を読んで強く感じるのは「大阪府がかなり影響を与えているのではないか」ということです。それは、「統一保険料もあり」という部分や、「赤字補てんのための一般会計法定外繰入を今後認めない」という部分、そして後述する新たにできる「保険者努力支援制度」というものについてもです。

大阪府が２０１０年以降やってきたことを検証すれば、国保都道府県単位化の「行きつく先」が見えてくるのではないでしょうか。

統一国保をめざす大阪府～2010年当時の動き

大阪府は現在、全国で最も「統一国保料」「統一国保」に固執し、突き進んでいる自治体です。

２０１０年当時、国の指示のもと、全国的に「広域化支援方針」策定の動きとなるのですが、大阪の場合、橋下大阪府知事のもと「大阪都構想」という政治的な動きと合間って「広域国保」と「広域介護保険」をめざす動きがうまれます。
その当時の流れは以下でした。

2010年
4月20日　第一回広域化支援方針（仮称）研究会
5月13日　財政運営ワーキングチーム
5月18日　標準設定ワーキングチーム
5月27日　府知事と市町村長との意見交換会
国保の「府内統一料金」を目指すことが合意された。保険料は「下がるところもあれば上がるところもある」こと、「都道府県で財政負担をすることは考えていない」ことの2点が前提とされた。
6月3日　財政運営ワーキングチーム
6月13日　市長会健康福祉部会と町村長会環境厚生部会の合同会議
市町村長代表と副知事で構成する「国民健康保険広域化検討委員会」を作り、市町村国保の広域化等について検討することが確認された。詳細の検討については、「大阪府広域化等支援方針（仮称）の策定に関する研究会」に委任することも同時に決定した。

6月15日　標準設定ワーキングチーム
7月8日　第二回広域化支援方針（仮称）研究会
7月22日　大阪府知事と16市町村代表との協議
法改正を待たず、一般会計繰入無し、減免なしで大阪府統一料試算を年内に行うことが意思統一された。
8月25日　広域化検討委員会
9月9日　第三回広域化支援方針（仮称）研究会
9月28日　大阪府議会代表質問での部長答弁
大阪府議会での大橋議員（維新の会）での代表質問に対して保健福祉部長は「5月27日　の知事と市長との意見交換会、7月22日の知事と16市町村長代表との協議があったが、その後　8月の広域化検討委員会で統一保険料には限界があり困難との意見が多数出され、今後とは府内保険者とともに国に法改正を要望していく」と答弁。
9月29日　池田市議会における倉田市長答弁
国民健康保険会計の問題でありますが、7月22日開催された、大阪府の知事と市町村との協議の場で、国民健康保険料を統一する方向で検討していくことで合意を見た、このような報道がありましたが、それは違います。知事はこのように提案をされました。「僕が（知事が）中心になって統一保険料つくりましょう！皆さんそれで良いんでしょう！」とそういうことをいわれたことは事実でありまして、新聞報道はその部分だけをとらえて「年内に大阪府が統一保険料を提示する」と、こういうことでありました。しかし、それは不可能です。なぜならば大阪府下43市町村の議会で保険者である市、町が議会に提示してその保険料を提示して保険料を決めていくわけですから、そんなことできるわけがありませんので「それは違いますよ」ということを知事にも申し上げたところであります。

……中略……

市町村の一般財源からの繰り入れの全廃、ということではありません。これは結果どうなるか分かりませんが、適度な繰り入れは私は必要なものと思っております。…以下略

10月4日　大阪府議会での日本共産党・宮原府会議員質問に対する知事答弁

国民健康保険料府内統一化は「現行法の枠内では非常に難しい」と答弁し、「年内の制度設計」断念を表明。同時に国に制度改正を求め、府が保険者となって国保料を統一する国保広域化をあくまで推進することを表明。

【２０１０年11月25日「国保『広域化』反対大運動意思統一決起集会」資料より】

国の広域化支援方針を着実に具体化していた大阪府

２０１０年、２０１１年当時の国保広域化の考え方は、後期高齢者医療制度の見直しの中で、まずは医療保険制度一元化の前段階として都道府県単位の高年者国保を設計し、その後高齢者以外の国保も都道府県単位で広域化するというものでした。

大阪府は、前述したとおり「統一国保料」については２０１０年秋には頓挫したものの、「国保広域化支援方針」のなかで「大阪府特別調整交付金」を「財政健全化」（収支、保険料算定、一般会計法定外繰入）と広域化の推進（医療費適正化、収納対策等）について評価し配分するという方法に変えました。これは今回の都道府県単位化のもとでの「保険者努力支援制度」などに大きく影響をあたえているものと考えます（56頁【図表８】）。

さらに、２０１１年11月には一般会計法定外繰り入れについては独自な考え方を策定しましたが、今回のガイドライン案で書かれている「一般会計法定外繰入の考え方」と重なる部分が非常に多いことを指摘したいと思います（57～59頁【図表９】）。

またもや法成立待たずに動き出した大阪府

「持続可能な医療保険制度改革を構築するための国民健康保険法等の一部を改正する法」が成立したのは5月27日ですが、大阪府は5月25日に「第一回大阪府・市町村国民健康保険広域化調整会議」

【図表8】 大阪府特別調整交付金の評価基準の考え方

大項目	中項目		点数	評価基準
財政健全化(50%)	1. 収支状況（単年度）		20	満点：3年黒字　次点：2年黒字　次々点：1年黒字　0点：黒字なし
	2. 保険料算定	①支出（保険給付費）の見込み	20	府が設定した適性予算額の範囲にあるかどうか 満点：適正　0点：不適正
		②保険料率の設定）	20	保険料の算定値と実際の設定値のかい離から敵制度を評価
		③予定収納率の設定	20	予定収納率と前年度実績収納率のかい離から予定集能率の適正度を評価
	3. 一般会計繰り入れ	①独自減免分	20	・独自減免への繰り入れは適正 ・独自減免見込み額の財源を一般会計ではなく保険料の算定に含めている場合も適正 満点：適正　0点：不適正
		②不適正な繰り入れ	▲10	「府の一般会計から国保特別会計への法定外繰り入れに関する考え方」のとおり（別掲） ▲満点：不適正　0点：不適正な繰り入れをしていない
		③法定・国通知による繰り入れ	▲10	実施していない場合をマイナス評価
広域化の推進（医療費適正化・収納対策含む）(40%)	1. 目標収納率（現年度）の達成度		40	大阪府国民健康保険広域化等支援方針の規模別目標収納率（現年）の達成状況を評価
	2. 滞納繰越分の収納率向上		15	大阪府国民健康保険広域化等支援方針の目標収納率（現年・滞納繰越分の計、全国平均）の達成状況を評価
	3. 滞納処分の実施		5	滞納整理機構や滞納処分の専門部署の設置または活用状況を評価
	4. 口座振替の実施		10	口座振替等率、口座振替率向上のための取り組み状況を評価
	5. コールセンターの設置		5	コールセンター設置を評価
	6. レセプト点検の充実強化		10	レセプト点検実施状況を評価
	7. 柔道整復療養費の適正化		10	柔道整復療養費の支給申請書の点検等の実施状況を評価
	8. ジェネリックの普及促進		5	ジェネリック医薬品の普及促進の実施状況を評価
	●収納率（現年分）の一定以上の低下		▲10	大阪府国民健康保険広域化等支援方針の収納率低下の限度設定によるマイナス評価

大阪府国民健康保険広域化等支援方針は　http://www.pref.osaka.jp/attach/5212/00061908/kouikikatousienhosin.doc

【図表9】

（大阪府）一般会計から国保特別会計への法定外繰入に関する考え方

（厚生労働省確認済）　2011.11.16

1. 法定外繰入れに関する考え方

（1）基本的考え方

国民健康保険制度が特別会計を設けている趣旨等に鑑みると、国保事業（直診施設運営費を除く）の運営財源は、原則として一般会計からの繰入金（法定分（地方財政措置分）を除く。）によることなく、保険料や法定負担の公費により賄われるべきである。

よって、本来保険料（税）として賦課・徴収すべき費用の一部に一般会計からの繰入金を財源として充てることは望ましくない。

（2）独自減免分（保険料（税）・一部負担金）に対する繰入れの考え方

独自減免分（保険料（税）・一部負担金）の財源について、現行の国民健康保険法施行令（以下「政令」という。）第 29 条の 7（市町村の保険料の賦課に関する基準）等の解釈上の取り扱いは、次のア及びイのとおりである。

ただし、「保険料」及び「一部負担金」（保険税方式にあって「一部負担金のみ」）の減免については、保健制度の相互扶助の精神や他の公的医療保険との関係から、一般会計からの繰入金を充てるのではなく、保険料（税）を充てる（保険料（税））賦課総額に含める）ことを不可とまでは言えない。

ア．保険料（税）の独自減免について

現行の国民健康保険法施行令上、保険料賦課総額に「保険料」の独自減免の財源は含まれないため、「保険料」の減免については、原則として一般会計からの繰入金を財源とすべき。

①

ただし、「保険税」の減免については、地方税法の解釈で、件税賦課総額に含めることができるため「保険税」及び一般会計からの繰入金のいずれもの財源とすることができる。

なお、「保険料」については国民健康保険法施行令の改正により、平成25年度から旧ただし書き方式への一本化に際し、市町村により保険料激変緩和措置（独自減免）の財源を、保険料とすることができる。

これにより、平成25年度からは、保険料（税）を独自減免の財源とすることが法令上、可能となる。（「保険税」についても、同様の趣旨から地方税法の解釈の明確化が行われる予定）

イ．一部負担金の独自減免について

一部負担金の独自減免については、国民健康保険法施行令及び地方税法の解釈上、保険料（税）賦課総額に含めることが出来ないため、原則として一般会計からの繰入金を財源とすべき。

〔なお、上記アの平成25年度からの政令改正に関連し、一部負担金の独自減免の財源を保険料（税）とすることができる旨の政令等の改正については未定。〕

(3) 赤字解消のための繰入れの考え方

赤字解消については、国民健康保険制度が特別会計を設けている趣旨から、また、赤字の主な要因が保険料（税）を適正に賦課・徴収できていないことにあるため、原則として保険料（税）を充てるべきである。

しかし、累積赤字の解消については、多額の赤字を累積するに至った過去からの事情等もあることから、必ず保険料（税）を財源とすべきとまではいえず、一般会計からの繰入による対応も認められる。

②

2. 法定外繰入れ　理由ごとの考え方

法定外繰入れ理由	一般会計からの繰入れの考え方	
	可否	理　　由
①保険料（税）の減免（個別の「特別の理由」によるもの）	○	上記１（２）のとおり。
②保険料（税）の減免（一律的な基準によるもの）	○	①と同様
③一部負担金の減免	○	①と同様
④直営診療所	○	国保事業であるが、直営診療施設事業勘定で運営され、保険料（税）を充てるものではないため。
⑤累積赤字補てん	○	上記１（３）のとおり
⑥地方単独事業の医療給付費波及増等（公費負担分）	○	保険料（税）を充てるものではないため（国の予算編成の注意事項の通り）
⑦地方単独事業の医療給付費波及増等（保険料分）	×	保険給付費は公費負担分を除いては、保険料（税）を充てるものであるため
⑧単年度の決算補填	×	保険給付にかかる補填は、保険料（税）又は法定の公費負担を充てるものであるため。
⑨保険料（税）の負担緩和	×	制度上、一般会計からの繰入金により賦課総額の圧縮はすべきではない。
⑩任意給付費	×	保険給付は公費負担分を除いては、保険料（税）を充てるものであるため。〃
⑪医療費の増加	×	〃
⑫保健事業費	×	本事業は国保事業であり、保険料（税）を充てるものであるため。
⑬納税報奨金（納付組織交付金）	×	〃
⑭高額療養費貸付金	×	〃
⑮後期高齢者支援金	×	支援金は保険料（税）を充てるものであるため
⑯基金積立	—	積立目的による。
⑰公債費、借入金利息	—	借入目的による。
⑱返済金	—	借入目的による。

③

をいち早く開催、それ以降「財政運営検討ワーキンググループ」で財政・保険料問題を、「事業運営検討ワーキンググループ」で保険料以外の保険実務などについて市町村代表とともに毎月1回ペースで検討作業をすすめています。

すでに8回目のワーキングが終り、この3月中にも第3回調整会議で方向性を決定するとしています。

大阪府での議論の特徴

全国的に東日本は「統一をめざさず」、西日本は「統一をめざしている」自治体が多いと言われていますが、その中でも大阪府は急先鋒、どこよりも早く「統一保険料」「統一国保」を目指して動き出しています。

そして、前述した2010年の橋下知事時代にかわされた「統一国保」「統一国保料」をめざすとの合意がいまも生きているというのが特徴です。

大阪府の検討内容は大阪府のホームページに調整会議資料はアップされているので見ていただくことができます。

大阪府ホームページ「医療保険制度に関すること」
http://www.pref.osaka.lg.jp/kokuho/iryouseido/index.html

大阪社保協では加えて、毎月開催される2つのワーキングチームの資料を毎月その度ごとに公文書開示請求を行い、開示の時にレクチャーをうけ、情報を入手し発信しています。

統一保険料の根拠～医療費格差がない!?

ガイドライン案にも書かれていますが、統一保険料として計算するためには標準保険料算定時に医療費割をいれないことが前提となります。つまり、市町村間に医療費格差がないということが前提となります。

次頁の【図表10】と【図表11】はいずれも第2回大阪府・市町村広域化調整会議（以下調整会議）資料です。

【図表10】では、まず、大阪府内全域での5歳ごとの被保険者数割合を出し、そのうえで各市町村ごとの実際の被保険者割合の比較し、割合が大きくなっているところに平均割合をあてはめ、一人当医療費をかけて調整します。その結果、【図表11】をみると、調整しなければ大阪府内各市町村の医療費最大格差は1・458ですが、調整した結果、1・2よりも小さくなっています。以上が、大阪府が「大阪府内は医療費格差が1・2以下で殆どないに等しい」とする統一国保料が計算可能だとしている根拠です。

こうした年齢調整（補正）は全国的にも納付金算定の時に使われます。しかし、この年齢調整は、あくまでも机上の計算であり、左の3点において「空論」だと指摘せざるを得ません。

一つ目に、1.2＝1ではないということ。何を根拠に同じだとしているのか不明です。

【図表10】

年齢構成の差異の調整（年齢補正）について（大阪府内の年齢構成での調整のイメージ）【直接法】

年齢区分	府内全域 一人当たり医療費	府内全域 被保険者数	府内全域 被保険者割合
0-4	231,807	66,284	2.6%
5-9	118,801	72,308	2.9%
10-14	89,178	83,544	3.3%
15-19	71,579	93,097	3.7%
20-24	80,806	102,870	4.1%
25-29	104,614	110,073	4.4%
30-34	127,934	118,339	4.7%
35-39	154,356	144,650	5.8%
40-44	185,516	170,311	6.8%
45-49	230,950	144,788	5.8%
50-54	286,731	125,570	5.0%
55-59	335,669	138,769	5.5%
60-64	399,690	298,896	11.9%
65-69	468,283	416,492	16.6%
70-74	637,028	428,699	17.0%
合計	330,291	2,514,690	100.0%

年齢区分	A市 一人当たり医療費	A市 被保険者数	A市 被保険者割合	府内全域 被保険者割合
0-4	122,860	23	1.1%	2.6%
5-9	90,181	35	1.7%	2.9%
10-14	102,920	31	1.5%	3.3%
15-19	76,309	52	2.6%	3.7%
20-24	50,655	49	2.4%	4.1%
25-29	116,542	43	2.1%	4.4%
30-34	98,778	58	2.9%	4.7%
35-39	144,609	85	4.2%	5.8%
40-44	262,534	85	4.2%	6.8%
45-49	230,303	82	4.1%	5.8%
50-54	133,373	85	4.2%	5.0%
55-59	353,694	110	5.5%	5.5%
60-64	315,103	313	15.6%	11.9%
65-69	439,728	521	26.0%	16.6%
70-74	636,035	434	21.6%	17.0%
合計	365,834	2,006	100.0%	100.0%

年齢補正後の一人当たり医療費⇒ 308,147

年齢区分	B市 一人当たり医療費	B市 被保険者数	B市 被保険者割合	府内全域 被保険者割合
0-4	117,826	994	4.5%	2.6%
5-9	64,203	1,038	4.7%	2.9%
10-14	42,924	1,192	5.4%	3.3%
15-19	50,433	1,161	5.3%	3.7%
20-24	54,114	1,041	4.7%	4.1%
25-29	90,376	929	4.2%	4.4%
30-34	104,758	1,028	4.7%	4.7%
35-39	178,848	1,163	5.3%	5.8%
40-44	184,560	1,282	5.8%	6.8%
45-49	197,863	1,068	4.9%	5.8%
50-54	325,056	1,005	4.6%	5.0%
55-59	327,629	1,042	4.7%	5.5%
60-64	376,504	2,460	11.2%	11.9%
65-69	435,988	3,374	15.3%	16.6%
70-74	611,025	3,220	14.6%	17.0%
合計	283,229	21,997	100.0%	100.0%

年齢補正後の一人当たり医療費⇒ 308,963

※医療費：医療給付実態調査用データ（H25.5～H26.4審査分）を府で独自に集計したもので、年報ベースの一人当たり医療費とは異なる

【図表11】

平成25年度　年齢補正後の市町村別一人当たり医療費（大阪府試算値）

		年齢補正前 A⇔B			年齢補正後（直接法） A'⇔B			年齢補正後（間接法） A⇔B'		
		一人当たり医療費 A	医療費指数	順位	一人当たり医療費 A'	医療費指数	順位	基準額（比較用の府内平均医療費） B'	医療費指数	順位
1	大阪市	315,709	0.956	39	341,294	1.033	5	306,579	1.030	5
2	堺市	344,284	1.042	12	332,383	1.006	12	342,487	1.005	12
3	岸和田市	327,583	0.992	30	332,421	1.006	10	325,629	1.006	11
4	豊中市	345,827	1.047	11	333,723	1.010	9	342,075	1.011	9
5	池田市	336,343	1.018	22	320,964	0.972	27	346,074	0.972	25
6	吹田市	340,955	1.032	15	325,625	0.986	18	345,511	0.987	17
7	泉大津市	348,229	1.054	10	343,485	1.040	3	334,519	1.041	3
8	高槻市	363,074	1.099	5	330,757	1.001	13	363,834	0.998	13
9	貝塚市	343,404	1.040	13	342,465	1.037	4	332,166	1.034	4
10	守口市	333,528	1.010	25	328,996	0.996	14	334,750	0.996	14
11	枚方市	340,442	1.031	17	322,542	0.977	22	349,822	0.973	22
12	茨木市	336,311	1.018	23	324,383	0.982	19	342,828	0.981	18
13	八尾市	329,431	0.997	28	323,671	0.980	20	336,198	0.980	19
14	泉佐野市	356,511	1.079	7	354,347	1.073	2	331,719	1.075	2
15	富田林市	332,537	1.007	26	322,096	0.975	24	342,032	0.972	23
16	寝屋川市	321,989	0.975	34	313,073	0.948	33	339,864	0.947	31
17	河内長野市	360,879	1.093	6	322,394	0.976	23	371,503	0.971	26
18	松原市	336,756	1.020	21	327,200	0.991	16	339,771	0.991	16
19	大東市	305,529	0.925	42	308,370	0.934	38	327,560	0.933	39
20	和泉市	323,220	0.979	33	323,459	0.979	21	330,400	0.978	20
21	箕面市	315,473	0.955	40	308,187	0.933	39	338,045	0.933	37
22	柏原市	352,097	1.066	8	338,496	1.025	7	343,850	1.024	7
23	羽曳野市	318,919	0.966	37	312,483	0.946	34	338,192	0.943	35
24	門真市	318,728	0.965	38	328,781	0.995	15	320,893	0.993	15
25	摂津市	341,251	1.033	14	339,513	1.028	6	332,181	1.027	6
26	高石市	351,762	1.065	9	338,035	1.023	8	343,733	1.023	8
27	藤井寺市	321,002	0.972	36	311,841	0.944	35	340,584	0.943	36
28	東大阪市	333,814	1.011	24	332,383	1.006	11	331,730	1.006	10
29	泉南市	283,229	0.858	43	308,963	0.935	36	307,876	0.920	41
30	四條畷市	326,948	0.990	31	321,017	0.972	26	336,777	0.971	27
31	交野市	337,141	1.021	20	314,294	0.952	31	356,806	0.945	34
32	島本町	363,502	1.101	4	326,298	0.988	17	372,803	0.975	21
33	豊能町	367,031	1.111	2	306,040	0.927	42	402,710	0.911	43
34	能勢町	330,764	1.001	27	308,764	0.935	37	349,363	0.947	33
35	忠岡町	327,832	0.993	29	321,278	0.973	25	337,217	0.972	24
36	熊取町	340,463	1.031	16	317,585	0.962	29	354,131	0.961	29
37	田尻町	321,378	0.973	35	313,508	0.949	32	338,500	0.949	30
38	阪南市	337,433	1.022	19	316,739	0.959	30	356,240	0.947	32
39	岬町	413,001	1.250	1	358,609	1.086	1	380,088	1.087	1
40	太子町	311,709	0.944	41	306,247	0.927	41	336,352	0.927	40
41	河南町	324,882	0.984	32	303,969	0.920	43	354,036	0.918	42
42	千早赤阪村	365,834	1.108	3	308,147	0.933	40	392,087	0.933	38
43	大阪狭山市	338,397	1.025	18	320,922	0.972	28	349,981	0.967	28
府内平均		330,291 B	1.000		330,291	1.000		330,291	1.000	
最大格差		1.458	1.458		1.180	1.180			1.192	

出典：H25.5～H26.4審査（H25.4～H26.3診療）分の医療給付実態調査用レセプトデータ（約3,668万件）を府で独自集計

⇒レセプトデータから算出しているため、年報ベースの一人当たり医療費とは異なる

医療費：医科・歯科・調剤の入通院の点数及び入院時食事・生活療養基準額の合計（訪看、療養費、返戻分は反映せず）

年齢補正後（直接法）の一人当たり医療費：各市町村ごとの年齢区分別一人当たり医療費を基礎とし、人員構成を府全域の年齢区分別人員に置き換えて再計算した一人当たり医療費

基準額：府全域の年齢区分別一人当たり医療費を基礎とし、人員構成を各市町村ごとの年齢区分別人員に置き換えて再計算した、各市町村ごとの比較のための府内平均一人当たり医療費

二つ目に、そんな机上の計算をしたところで、例えば山間部に都会からの病院が移転するはずもありません。大阪府内にも医療過疎地域が厳然と存在し、産科や小児科さえないという地域があるのです。ましてや全国的にみれば、政令市・中核市・県庁所在地に医療機関が集中し、郡部には国保診療所しかない、もしくはそれさえもないというのが実態です。

三つ目に、医療費と医療内容は同一のものではないということ。医療費は診療報酬をもとに支払われますが、診療報酬は診療行為に対して支払われるもので、医療内容、及び結果について支払われるのではないのです。医療費格差と医療格差、この言葉の意味の違いにも注意する必要があります。

地域の実態とかけはなれた標準化、統一化は被保険者にとってはデメリットでしかありません。

大阪府と市町村代表との検討内容をまとめたものが第2回調整会議資料の【図表12】と【図表13】です。「統一料金（保険料）、統一サービス」の考え方がよくわかります（66〜71頁）。

大阪府国保課によるレクチャーで語られたこと

２０１６年2月24日、大阪社保協では大阪府国保課主査から、国保都道府県単位化問題でのレクチャーを受けました（65頁・72頁参照）。

当日は2月2日の「市町村セミナー」資料と、大阪府独自資料をもとに国のガイドライン案での考え方についての説明と、現在大阪府と市町村が論議している内容についての説明が1時間にわたってありました。「一般会計法定外繰入は赤字だから指導する」「大阪府が決めたことを市町村が変えることはおそらくできない」などと発言しており、大阪府が財源を握ったことで、高圧的に市町村を指導しようとしている姿勢がみてとれます。

【大阪府レクチャー概要】

□２０１８年度から国保の保険者は大阪府と市町村になる。国民健康保険証は「大阪府国保証」となる。

□大阪府が財政に責任をもち（大阪府には莫大な国保特別会計ができ、さらに基金ができる）、市町村は国保実務や保険料徴収をひきつづき行う。

□市町村国保特別会計には国庫支出金や前期高齢者交付金、大阪府支出金などがほとんど入らなくなる。

□大阪府は1年分の大阪府内で必要な医療費から国庫支出金や前期高齢者交付金などの収入を引いた「事業費納付金（納付）」を計算し、それを43市町村ごとに割り振り、さらに「標準保険料率」を割り出す。

□納付金と標準保険料の考え方の案は国から出されているが、大阪府は２０１０年当時の橋下知事と首長の申し合わせ「大阪府統一国保を目指す」にあわせ、「統一保険料率」をめざして、現在「大阪府・市町村国保広域化調整会議」および財政運営検討ワーキング（保険料をどうするか）

（72頁へ続く）

W･Gでの主な意見
･根本的な事項であるので、改革当初から府内保険者のほとんどが採用している料方式で統一すべき。 ･各保険者の個別事情もあり、経過措置も必要なため、時間をかけて府内保険者のほとんどが採用している料方式とすべき。 ･保険料率の決定等の手続きを踏まえると、保険料の方がいいのではないか。 ･現在保険税を採用している4市町がよいということであれば、保険料で統一してもいいのではないか。
･制度改革時点で、多子世帯等の影響を鑑み、府内保険者のほとんどが採用している3方式で統一すべき。 ･子どもに着目した公費投入により、多子世帯の負担が軽減されれば2方式もあり得る。 ･各保険者の個別事情等もあるので、時間をかけて統一すべき。 ･後期高齢者医療制度（2方式）と違い、国保は世帯単位という概念が強く、3方式の方が良いのではないか。 ･最近は単身世帯が増加し、個人の負担能力を考えれば、2方式が妥当ではないか。 ･単純に2方式にしてしまうと、低所得者世帯や多子世帯への負担が大きくなるのではないか。
･制度改革時点で、府内で最も多くの保険者が採用している「所得割50：均等割35：平等割15」で統一すべき。 ･保険料額に大きな影響を与えるため、時間をかけて統一すべき。 ･賦課割合は、市町村での国保運営協議会の諮問事項となっており、これまでの議論の経緯も踏まえると、H30年度からすぐに統一するのは困難ではないか。
･制度改革を契機として統一すべき。 ･被保険者への影響が大きいことから、激変緩和措置を設け、時間をかけて統一すべき。 ･医療費水準は反映させずに、標準保険料率を決定するべきである。
･負担の公平性確保の観点から、制度改革時点から「国基準」で統一すべき。 ･被保険者への影響も大きいことから、一気に統一していくことは現実的に不可能であり、時間をかけて統一すべき。
･統一保険料率とするのであれば、府内同一の取扱いが望ましい。 ･被保険者への影響が大きく、保険料率と時期を併せ、時間をかけて平準化すべき。 ･各市町村の被保険者の状況も異なるので、一定の上乗せ･横出しを引き続き認めるべき。 ･各団体の考え方もあり、一定の標準を定めるのはよいが、統一は困難。 ･低所得者に対して、一律に減免を行っている市町村もあり、保険料減免は引き続き市町村の判断となれば、統一保険料率の実現は難しいのではないか。 ･独自減免を行っている市町村において、府内減免基準が統一化された場合、その基準が従来より厳しくなってしまうと、被保険者にとって不利益となるのではないか。 ･標準的な基準は、簡素な方がいいのではないか。 ･一部負担金減免と共通事項も多く、事業運営W･Gと併せて議論した方がいいのではないか。

（「第２回大阪府、市町村国保広域化調整会議」資料）

【図表12】

【財政運営検討W・G】　今後の議論の方向性について（案）

	議論の方向性（案）	検討にあたってのポイント
保険料・税の区分	・統一保険料率をめざす上では、必ずしも「保険料」と「保険税」の統一は必要ではないが、保険料滞納時の取扱いなど、公平性確保の観点から、統一する方が望ましい。 ・現在、大阪府内では多くの保険者が「保険料」を採用しており、保険税を採用している4市町が、保険料への変更が可能ということであれば、市町村の事務処理体制への影響等に配慮した十分な準備期間を設けつつ、「保険料」を標準とする方向で検討。	・統一保険料率とする場合の公平性を考慮する必要あり。 ・府内43保険者のうち、39保険者が「料方式」を採用。（被保険者数ベースで97.2%が保険料） ・保険税から保険料への変更に伴う条例改正や体制整備等、多大な手続きが必要。 ・税の場合、税率を条例に規定するのに時間を要するなど、府内の「保険料率の統一化」への影響について、精査する必要あり。 ・滞納繰越分の整理にかかる時効の取扱いを考慮する必要あり。
賦課方式	・統一保険料率をめざす上では、賦課方式の統一は不可欠。ただし、統一時期は引き続き検討。 ・統一方式は、3方式又は2方式とし、いずれを標準とするかは、引き続き国の議論を注視しつつ、被保険者への影響を考慮しながら検討。 <3方式を採用すべき理由> 府内のほとんどの保険者が採用しており、3方式であれば、多子世帯の保険料を緩和することが可能であるため。 <2方式を採用すべき理由> 後期高齢者医療制度は2方式であり、近年は国保においても単身世帯の割合が増加しているため。	・43市町村のうち「2方式」を採用しているのは1市のみ、残りの42市町村は「3方式」を採用。（うち1市はH27年度まで4方式、H28年度以後は3方式。条例改正済み。） ・75歳になれば必ず加入する後期高齢者医療制度は、「2方式」を採用。 ・「子どもの被保険者数」に応じた国の財政支援策が検討されており、特に2方式の検討にあたってはこれらの動向も考慮する必要あり。 ・国における事業費納付金の算定ルール等の検討状況も踏まえた検討が必要。
賦課割合	・統一保険料率をめざす上では、賦課割合の統一は不可欠。ただし、統一時期は引き続き検討。 ・仮に、賦課方式を3方式で統一するとなれば、応益割の按分割合は、従来の国基準の考え方と同じく、「均等割：平等割」＝「7：3」をベースに被保険者への影響も考慮しながら引き続き検討。	・府内43保険者のうち、21保険者が「所得割50：均等割35：平等割15」を採用。 ・国における事業費納付金の算定ルール等の検討状況も踏まえた検討が必要。 ・応能と応益の割合は、県内の所得水準に応じて全国ベースで国が定めることとする方向で検討されており、この場合地方に裁量の余地はない。
保険料率	・医療費水準の差が比較的小さいことを踏まえ、府内の医療費水準を加味せず、府内統一保険料率を前提に標準保険料率を算出することとし、標準保険料率で賄う対象経費など、引き続き、国の議論を注視しつつ検討。 ・なお、医療費適正化のインセンティブについても、国の議論を踏まえ検討するとともに、保険料の激変緩和や、一般会計からの繰入れの取扱いについても併せて検討。	・これまで「統一保険料率実現をめざして国保制度改革を要望してきた」という経過を踏まえる必要あり。 ・市町村ごとの医療費水準を事業費納付金に反映すると「統一保険料率」は実現しない。 ・料率の統一化には、事業費納付金に医療費水準を反映しないことが絶対条件。 ・医療費水準を事業費納付金に反映しない場合の、各市町村への医療費適正化に対するインセンティブをどう反映するか検討する必要あり。 ・保険料の激変緩和について、現在一部の保険者が実施している保険料率抑制等のための一般会計からの繰入れ（任意繰入れ）による影響の取扱いを検討する必要あり。 ・事業費納付金制度の対象外の項目に対する標準化・統一化に向けた制度設計をどうするか検討する必要あり。
賦課限度額	・統一保険料率をめざす上では、賦課限度額の統一は不可欠。ただし、統一時期は引き続き検討。 ・今後も税制改正等により、賦課限度額が上昇する国の方向性を踏まえれば、賦課限度額は「国基準」を標準とする方向で検討。	・府内43保険者のうち、29保険者が政令基準である「85万円（H27年度）」を採用。 ・賦課限度額が政令限度額に達していない市町村の取扱い（経過措置や任意繰入れと同じ取扱い）を検討する必要あり。
保険料減免・軽減	・減免等の基準は、統一保険料率とするのであれば、公平性確保の観点から同一の取扱いが望ましいという意見がある一方、市町村によって多種多様であるため、標準を定めるべきか否か、引き続き、国の議論も注視しつつ検討が必要。 ・なお、標準を定めるとした場合などは、激変緩和や一般会計繰入れの取扱い等も併せて検討が必要。	・激変緩和の取扱いを検討する必要あり。 ・一般会計繰入れの取扱いを検討する必要あり。 ・各保険者の裁量範囲を検討する必要あり。 ・事業費納付金制度の対象外の項目に対する標準化・統一化に向けた制度設計をどうするか検討する必要あり。 ・国における事業費納付金の算定ルール等の検討状況も踏まえた検討が必要。

W・Gでの主な意見
・対市民向けには、保険料が一緒ならサービス等も一緒というのが当然。全体的に標準を出して合わせていくべき
・統一保険料にするのであれば、統一すべき（時間をかけて統一という意見もあり）。 ・府内統一保険料を想定すると、本算定時期が異なるのは混乱が予想されるため、統一すべき。 ・（仮算定がなくなっても、）納期数が極端に減らなければ、納付相談の一環として分割納付も可能なので被保険者に不利益とはならない。 ・仮算を復活させると事務量の増加となり困難。 ・納付相談の手法として、納期数以上の分割納付も可能であるため、市町村の独自性を認めるべき。 ・保険料収納対策のため標準化は困難。 ・給付費が確実に府から支払われるのであれば、仮算はなしで本算定1本でよい。 ・納付相談の対応として、1回目は現在の仮算期間に分納を行うことができるため、基本的には本算定1本でよいのでは。 ・基本的には6月本算で納期数10回でよいのではないか。 ・基本は6月本算として、できない市町村は、他市町村の事務のやり方等の共有を行っていくとよいのではないか。 ・仮算をなくすことに異論はないが、現在、6月に所得確定して、料率の試算と未申告者の所得照会をし、料率決定の際に運営協議会へ諮っている。この流れと同じであれば6月本算は厳しい。
・統一保険料率であれば府内で統一すべき。 ・保険料減免と同じく、時間をかけて統一されるべき。 ・保険料の算定に含める部分は標準化したうえで、市町村の独自性も認めるべき。 ・時間をかけて統一の方向へもっていくべきであるが、過去の経過の勘案も必要。 ・これまでの取り扱いが異なるため、統一は困難。 ・保険料減免と同様、今までの経過もあり統一するのは困難かと思うが、保険料減免との整合性を図りながら、一定の標準は必要。
・同一保険料であれば同一の給付が行われるべき。 ・保険料の算定に含めるのであれば、統一すべき。 ・保険者間での差があまりないように思われるので統一すべき。 ・出産育児一時金は政令基準どおり府内一律420,000円、葬祭費は府内一律5万円で平成30年度当初から統一の方向でどうか。
・特定健康診査の項目上乗せや、特定保健指導の独自性が進んでいるため、市町村の独自性を認めるべき。 ・市民健診等との一体化されたこれまでの事業が後退することがないよう独自性は認めるべき。 ・市町村へのインセンティブを保つため独自性は残すべき。 ・事業を行う土壌や資源等に差異があることから統一は困難。 ・標準（最低基準）は定めるが、市町村での運用はそれぞれの特色を出しながら、横だし・上乗せを認めるべき。
・共同処理によってコストダウンをめざすため、通知関係は統一すべき。 ・経費が納付金算定に含まれるのであれば統一すべき（統一時期は未定）。 ・医療費適正化によるインセンティブがないなら、時間をかけて統一すべき。 ・（統一によって、）これまでの（市町村の）取り組みを後退させることになってはならない。 ・各市町村は医療費の削減に努力する必要があり、市町村で独自に行っていくべき。 ・柔道整復療養費の調査等は独自性を認めるべき。
・経費が納付金算定に含まれるのであれば統一すべき。 ・レセプト点検のインセンティブがないなら、時間をかけて統一すべき。 ・各市町村は医療費の削減に努力する必要があり、市町村で独自に行っていくべき。 ・（統一によって、）これまでの（市町村の）取り組みを後退させることになってはならない。 ・各市町村での土壌や資源等に差があるため、統一は困難。 ・点検項目について標準をどこにもってくるか検討し、国保連合会でしてもらえれば。
・証の更新など、共同処理によるコストダウンをめざすため、時間をかけて様式の統一は必要。 ・標準システムの配布時期により、市町村との連携システムのマッチングが平成30年度には間に合わない可能性がある。 ・医療機関が混乱しない程度、統一が必要と考えるが、レイアウト、印字位置までは自庁システムが異なるため困難。 ・市民への説明についてわかりやすさを重要視することが大事であるとともに、事務効率化を促進していくためには統一が必要。 ・被保険者証の様式については、資格管理が都道府県単位になるので揃えない理由はない。 ・高齢受給者証について、カード化が進まないのは単にはタイミングがないというだけだと思う。 ・被保険者証をカード化した際に、被保険者より使いにくい旨を指摘され、高齢受給者証をカード化した経緯がある。

（「第２回大阪府、市町村国保広域化調整会議」資料）

【図表13-1】

【事業運営検討Ｗ・Ｇ】　今後の議論の方向性について（案）

	議論の方向性(案)	検討にあたってのポイント
全般		
保険料関係 (本算定時期、 仮算の有無、 納期数)	・仮算の有無については、事務の効率化等の観点から、「なし」で統一の方向で検討。ただし、統一時期については、引き続き検討が必要。 ・本算定時期と納期数はセットで議論することになるが、被保険者への影響や、事務処理体制を考慮しながら、6月(納期数10回)、7月(納期数9回)のいずれとするか引き続き検討。	・「一つの国保」に加入 ・府内の統一保険料率実現に向けた検討(財政WG)の方向性との整合性・事務の効率化(すでに仮算定を廃止した市町村の取扱い) ・被保険者に対する影響(仮算あり⇒12回払い・本算のみ⇒10回、9回払い等) ・収納対策等への影響 ・本算のみの場合の年度当初のキャッシュフローへの影響
一部負担金 減免基準	一部負担金減免の基準は、統一保険料率とするのであれば、公平性確保の観点から同一の取扱いが望ましいという意見がある一方、市町村によって多種多様であるため、標準を定めるべきか否か、引き続き国の議論も注視しつつ検討が必要。 なお、標準を定めるとした場合などは、激変緩和の取扱いや一般会計繰入れの取扱いも併せて検討が必要。	・「一つの国保」内での公平性 ・市町村ごとに独自に項目を追加している例が多い ・現行制度では、必要な財源は基本的に各市町村の一般会計繰入れにより対応 ・保険料の条例減免基準との整合性
出産育児一時金 葬祭費	統一保険料率とするのであれば、負担と受益の公平性確保の観点から 　出産育児一時金:政令基準どおり一律420,000円 　葬祭費:府内一律50,000円 とし、制度改革スタート時の平成30年4月から統一。	・「一つの国保」内での公平性 ・府内医療機関では、産科医療保障制度に加入していない医療機関なし。 　⇒結果として、実質42万円で統一されている。 ・後期高齢者医療制度では、葬祭費は5万円
保健事業の 実施項目・水準	保健事業については、府内市町村のボトムアップを図る観点も踏まえ、標準を定めるとしつつ、それぞれの市町村で実情が異なるので、その運用については、個々の判断で横だし・上乗せを認める方向で引き続き検討。	・「一つの国保」内での公平性 ・保健事業の実施主体は市町村 ・保険者努力支援制度創設を見据えた、実施状況等の底上げ ・現在、市町村ごとに項目の追加、独自事業の実施等がある ・事務の標準化・効率化・広域化の推進
医療費適正化の 取り組み	医療費適正化の取組みについて、事務の効率化の観点から統一すべきという意見がある一方、医療費削減に向けた市町村の努力が必要であることや、それぞれの市町村で実情が異なるので、個々の判断でよいという意見もある。 このため、標準を定めるべきか否か、統一時期等含めて引き続き検討が必要。	・保険者努力支援制度創設を見据えた、実施状況等の底上げ ・現在、市町村ごとの取組状況に差異がある ・事務の標準化・効率化・広域化の推進
レセプト点検の 実施内容	レセプト点検について、事務の効率化の観点から統一すべきという意見がある一方、医療費削減に向けた市町村の努力が必要であることや、それぞれの市町村で実情が異なるので、個々の判断でよいという意見もある。 このため、標準を定めるべきか否か、統一時期等含めて引き続き検討が必要。	・現在、市町村ごとの取組状況に差異がある ・事務の標準化・効率化・広域化の推進
被保険者証等の 様式(短期証・ 資格証含む)	被保険者証の様式については、資格管理が都道府県単位となるため、国の議論を注視しつつ、統一の方向で検討。ただし、統一時期については引き続き検討が必要。 その他の証については、統一の可否について引き続き検討。	・府内の市町村国保に加入する被保険者は、大阪府域で運営する同一の保険制度(一つの国保)に加入 ・府内の市町村間での異動は資格の得喪は発生しないが、転居後の市町村で新たに被保証を発行 ・事務の標準化・効率化・広域化の推進 ・被保証のカード化はH27.10に全市町村で切替完了予定

W･Gでの主な意見
・有効期間1年で統一するのが妥当。 ・被保険者に不公平感が出るため有効期間は時間をかけて統一すべき。 ・対医療機関において、同一保険者ということを考えると有効期間の統一は必要。 ・共同処理をめざすには時間をかけて統一されている方が良い。 ・平成30年4月に一斉に切り替え、有効期間を統一するのは現実的でない。 ・平成30年度以降の各市町村の証更新時に、次回の更新時期と有効期限を統一してはどうか。 ・証に交付年月日の記載があれば統一する必要はない。 ・保険料収納対策のため標準化は困難。 ・有効期限も府内で揃えたらよいと思う。 ・カード化によりコストアップのため、有効期限を１年から2年にした経緯がある。有効期間を２年から1年にすると、交付事務が増える。 ・有効期間が2年だと、短期証を交付するまで2年かかることになる。 ・過去は2年の有効期間であった保険者が多かったようだが、滞納世帯の増加や資格異動が増えたことにより有効期限が1年である保険者が増えたようである。
・共同処理をめざすのであれば、統一されている方が良い（時間をかけて）。 ・原則郵送としつつ、市町村の差異を認めるべき。 ・保険者の規模・地域性に応じた交付方法がある。 ・保険料収納対策のため標準化は困難。 ・郵送（簡易書留）を基本とした上で、実際の運用は収納対策の手段でもあるので、個々の保険者の判断でよいのではないか。 ・被保険者証は郵送で交付するため、1～2週間程度の有効期間の資格確認証（国保資格を有することを証明するもの）を手渡している。
・府内での異動は同一保険者間での異動のため、統一すべき。 ・府内異動による高額療養費の多数該当に影響が出るようであれば統一する必要がある。 ・変更することにより、医療機関等において混乱を招く恐れがある ・資格管理や高額療養費の仕組みが決まらないと統一の必要性は判断できない。
■共通 ・府内統一保険者となるのであれば、統一すべき。 ・保険料収納対策のため標準化は困難。 ・収滞納に関わることは両論併記で、どこに収れんしていくのか引き続き検討すべき。 ■交付基準・有効期間について ・同一保険料率なので公平性を確保するためにも時間をかけて統一すべき。 ・保険者ごとでの判断があると思うので市町村ごとの独自性を認めるべき。 ■交付方法について ・被保険者との接触を経て交付することが原則であるが、過去の経過や被保険者数を勘案せざるを得ないので独自性を認めるべき。 ・徴収方針に関わるものであるので市町村の判断でよい。
■共通 ・府内統一保険者となるのであれば、統一すべき。 ・保険料収納対策のため標準化は困難。 ・収滞納に関わることは両論併記で、どこに収れんしていくのか引き続き検討すべき。 ■交付基準・有効期間について ・処分性が強く、差異が生じると不公平感が伴うので統一すべき。 ・同一保険料率なので公平性を確保するためにも時間をかけて統一すべき。 ・保険者ごとでの判断があると思うので市町村ごとの独自性を認めるべき。 ■交付方法について ・被保険者との接触を経て交付することが原則であるが、過去の経過や被保険者数を勘案せざるを得ないので独自性を認めるべき。 ・徴収方針に関わるものであるので市町村の判断でよい。
・統一保険料率のもと公平性を確保するためにも、時間をかけて統一すべき。 ・税務部門と共同して事務を行っている市町村があるため統一は困難。 ・市町村での取り扱いが異なるため、統一は困難。 ・収滞納に関わることは両論併記で、どこに収れんしていくのか引き続き検討すべき。

（「第２回大阪府、市町村国保広域化調整会議」資料）

【図表13-2】

	議論の方向性(案)	検討にあたってのポイント
通常証更新時期、有効期間	・通常証更新時期・有効期間については、被保険者証の様式を統一する方向で検討することから同様の方向性で検討。 ・証更新時期についてはほぼすべての府内市町村で10月に行われている状況であるが、他に妥当な時期があるか検討が必要。 ・有効期間については、多くの市町村が1年であるが、事務の効率化、収納対策の観点を考慮しながら「1年」又は「2年」のいずれとするか引き続き検討。	・「一つの国保」に加入 ・事務の標準化・効率化・広域化の推進 ・更新時期　10月:41市町村、9月:1市、3月:1市 ・有効期間　1年:38市町村、2年:5市
通常証交付方法	通常証の交付方法について、事務の効率化の観点から統一すべきという意見がある一方で、収納対策などそれぞれの市町村で実情が異なるので個々の判断でよいという意見もある。 このため、標準を定めるべきか否か引き続き検討が必要。	・資格管理の主体は市町村 ・事務の標準化・効率化・広域化の推進
被保険者番号	被保険者番号の統一の必要性は、府内市町村間での転居時における高額療養費の多数該当の引き継ぎ方法など、国の議論を注視しつつ、引き続き検討が必要。	・証の書式(レイアウト)の共通化や通常証交付事務の共同化(広域化)の検討との整合性、影響等を考慮する必要がある
短期証の交付基準、有効期間、交付方法	・短期証の交付基準等については公平性確保の観点により統一することが必要という意見がある一方で、収納対策等それぞれの市町村で実情が異なるので個々の判断でよいという意見がある。 ・このため、標準を定めるべきか否か、引き続き検討が必要。	・「一つの国保」内での公平性 ・短期証は保険給付の内容に影響を与えるものではない ・短期証は滞納世帯との接触機会を増やし、納付指導の機会確保するためのものであり、交付基準等は各市町村の収納対策等に大きく影響するもの
資格証の交付基準、有効期間、交付方法	・資格証の交付基準等については、公平性確保の観点により統一することが必要という意見がある一方で、収納対策等それぞれの市町村で実情が異なるので個々の判断でよいという意見もある。 ・このため、標準を定めるべきか否か、引き続き検討が必要。	・「一つの国保」内での公平性 ・資格証明書は保険給付の内容に大きく影響を与える(償還払い) ・交付に当たっては、個別に「特別の事情」の有無を確認する必要がある(機械的交付の禁止) ・資格証明書は滞納世帯との接触機会を増やし、納付指導の機会確保するためのものであり、交付基準等は各市町村の収納対策等に大きく影響するもの
滞納処分の取り扱い	・滞納処分の取り扱いについては、公平性確保の観点により統一することが必要という意見がある一方で、収納対策等それぞれの市町村で実情が異なるので個々の判断でよいという意見もある。 ・このため、標準を定めるべきか否か、引き続き検討が必要。	・「一つの国保」内での公平性 ・滞納処分の取扱いは各市町村の収納対策等に大きく影響するもの

と事業運営検討ワーキング（保険事務やをどうするか）で検討しており、３月末には考え方を一定まとめるつもりでいる。

□２０１７年度中には「大阪府国民健康保険運営方針」を策定し、納付金や標準保険料の算定方式、実務や独自減免のルールを定める。

□統一保険料とは、大阪府の各市町村どこでも同じ保険料率ということ。

□大阪府が統一保険料を可能とする根拠は、大阪府内市町村の医療費格差は最大１・２倍なので医療費格差はないから。

□基本的に大阪府が決めた保険料率で市町村がいくというのがいまの考え方。

□一般会計法定外繰入金は赤字という扱いなので２０１７年度中にやめていただきたい。

□２０１７年度中に赤字を解消してもらわないといけない。赤字は都道府県国保にもってはいけない。

□一般会計法定外繰入は国は赤字といっているので、赤字解消については大阪府が指導していかざるを得ない。

□大阪府国保運営方針で決めたことは義務ではなく尊重しなければならない。

□法律上、違反することはできるが尊重していただく。

□大阪府が決めたことを市町村が変えるということはおそらくできないだろう。

□今回の統一保険料については、大阪府が率先してやっているのではなく、もともと市町村から言い出したこと。

統一国保は地方自治の否定

大阪社保協は前述した大阪府の「統一国保」化への動きに対して、①「医療費格差がない」というのは机上の空論、②肝心の保険料算定がされていない、③一般会計法定外繰入を赤字というには無理がある④地方自治の否定～保険料賦課等決定の権限は市町村にあるという４点について意見を述べ要望書を緊急提出しました。

大阪府知事　松井一郎　様
大阪府・市町村国民健康保険広域化調整会議委員様

２０１６年３月24日
大阪社会保障推進協議会
会長　井上賢二

大阪府「国保統一化」に対する意見と要望

日頃より国民健康保険制度拡充にむけた取り組みにご尽力いただき、お礼申しあげます。

さて、大阪社保協では、これまで大阪府・市町村国民健康保険広域化調整会議及びワーキング資料の内容、及び国のガイドライン案等について注視してまいりました。

3月29日の第3回調整会議にむけて緊急ではありますが、以下のように意見と要望を提出いたします。

【意見】

1.「医療費格差がない」というのは机上の空論である

大阪府は年齢調整（補正）後の医療費市町村格差が1・2以下であり、それをもって「医療費格差がない」ことを統一保険料計算ができる根拠としていますが、それは以下をもって机上の空論であると指摘せざるを得ません。

(1) 1・2=1ではないし、1・2がなぜ格差がないといえるのか、根拠が全くしめされていません。

(2) 仮に計算上の格差が1・2であるとしても、例えば山間部に都会からの病院が移転するはずもありません。さらに大阪府内にも医療過疎地域が厳然と存在し、産科がない、小児科がないという地域（例えば河南地域、泉南地域など）があります。

(3) そもそも医療費と医療内容は同一のものではありません。医療費は診療報酬をもとに支払われますが、診療報酬は診療行為に対して支払われるものであり、医療内容、及び結果について評価され支払われるのではありません。

2．肝心の保険料試算が全くされていない

現時点においても大阪府は保険料試算をしていません。納付金や標準保険料の試算は直近の国民健康保険事業状況報告書（事業年報B表）を活用すれば算定することが可能であり、すでに他府県では試算がされ、その試算から検討が始まっています。

にも関わらず、試算もしないで「統一保険料」との結論ありきでは、あまりに杜撰かつ乱暴ではないでしょうか。

3．一般会計法定外繰入を「赤字」というには無理がある

大阪府は一般会計法定外繰り入れについて「国が赤字といっている」と2月24日のレクチャーで述べておられましたが、３月２日中央社保協厚生労働省交渉では、国民健康保険課企画法令係・舟津係長は「一般会計法定外繰入は、無くすように頑張ってほしい。特定健診など、政策的なものは繰り入れても構わない。無くせとまでは言えない。線引きは議論中だ」と回答しました。

さらに、国のガイドライン案での「一般会計法定外繰り入れ」についての記述について各県から意見が多数だされており、保険者判断（政策的判断）によるものは引き続き認めるとし、その内容は「保険料の負担緩和、保険料の減免額に充当、地方単独の保険料の軽減額、地方独自事業の医療給付費波及増等、任意給付に充当」等の記述に変更されると聞いています。

4. 地方自治の否定～保険料賦課等決定の権限は市町村にある

都道府県国保運営方針は法令ではなく、法的な義務はない、いわゆる「技術的助言」です。技術的助言とは、地方自治法第２４５条の4第1項等の規定に基づき、地方公共団体の事務に関し、地方公共団体に対する助言として客観的に妥当性のある行為を行い、又は措置を実施するように促したり、又はそれを実施するために必要な事項を示すもの（「総務省における今後の通知・通達の取り扱い」平成26年7月12日付）で、その内容は「法的拘束力」を持つものではなく、地方公共団体の自主性と自立性に配慮されたものでなければなりません。保険料賦課決定の権限は都道府県ではなく市町村にあります。市町村の権限を「方針」で奪うことは法を逸脱しています。

つきましては、以上の点から以下、強く要望いたします。

【要望内容】

1. 保険料試算抜きに「統一保険料」との結論を拙速に出さないこと。
2. 被保険者の苦しみは「高すぎる保険料」であり、保険料負担を軽減するために市町村が独自の判断で実施している一般会計法定外繰入を否定するような取りまとめをしないこと。

3.「統一減免」など地域の歴史と市町村の権限を無視したとりまとめをしないこと。
4.以上、市町村の権限を一律に否定するような地方自治を尊重しない取りまとめを行わないこと。

第5章

今後の動き

２０１６年1月のガイドライン案提示以降、今後都道府県国民健康保険運営方針策定にむけての協議は一気に進みだすはずです。

さらに、２０１６年秋（10月頃）には都道府県に電算システム簡易版が下りてくるので、納付金と保険料の試算ができるようになり、具体的に保険料がどうなるのかについての見通しがつくこととなります（電算システムについての解説は85頁）。このころから保険料（税）が今よりも高くなる自治体からは動揺や、不満の声が噴出することが予想されます。

また、今後、都道府県は国保運営協議会設置をすることとなります。これは都道府県議会で条例を定めることとなりますので、２０１６年度後半の都道府県議会で条例制定がされ、２０１６年度末に設置という動きになります。

２０１６年　１月　国保運営方針ガイドライン案提示
　　　　　　４月　ガイドライン決定　関係政省令（案）提示
　　　　　　　　　電算システムインターフェイス公開
　　　　　　５月～市町村から納付金算定データを都道府県へ提供
　　　　　　６月～システム改修
　　　　　　７月　交付金ガイドライン決定
　　　　　　８月～電算システム導入以降調査
　　　　　　10月　電算システム簡易版の都道府県配布
　　　　　　　　　納付金・標準保険料率試算開始
　　　　　　12月　都道府県国保運営協議会設立条例制定
２０１７年　３月　都道府県国保運営協議会設立
　　　　　　４月～都道府県国保運協により審議と諮問はじまる
２０１８年　４月　都道府県単位化開始

第6章

2018年にむけて地域でどんな運動ができるのか

2016年・17年度は市町村では保険料（税）引下げのチャンス

２０１５年度から保険者支援制度として新たに１７００億円が全国の市町村に配分されます（【図表14】の①の１７００億円）。

たとえば大阪府全体で１３５億円程度、負担割合は国からの2、都道府県1、市町村の1です。国はこの１７００億円で一人５千円の財政効果があるとしており、これを原資に国保料（税）の引きさげができるはずです。しかし、全国的には多くの自治体が２０１４年度の3月予算議会で計上しておらず、保険料（税）引き下げの原資として組み入れられていない実態があります。

各地域でこの１７００億円がどうなっているのかを検証する必要があります。

大阪社保協では、２０１５年5月段階で大阪府内43市町村にこの１７００億円についてアンケート（83頁資料）を実施、【図表15】のような結果を得ました。

【図表14】 財政支援3400億円の内訳

① 1700億円	② 1700億円
・消費税を原資とする ・2015年度から毎年全国の市区町村に低所得者対策として配分 ・国2:都道府県1:市町村1の負担割合 ・配分のしかたは、政令軽減（7割・5割・2割）対象者数で按分 ・国負担分は国庫支出金の「保険者支援金」の一部として、都道府県分は都道府県支出金として、市町村分は一般会計繰り入れ分として計上される	・原資は後期高齢者支援金（共済組合、健保組合、協会けんぽ、国保から拠出）を27年度から全額総報酬制（加入者すべての総報酬で按分する。当然共済組合や健保組合の加入者の報酬が多いので、より多く支援金を拠出することとなる）にすることで浮く国の協会けんぽへの国からの支援金2400億円のうちの1700億円 ・2015年度から2017年度中に新たに設置する財政安定化基金創設のために投入（最終的に全国2000億円の基金を増設し、被保険者数で按分。按分シミュレーションは88頁**【図表17】**） ・2018年度からは毎年1700億円を投入 ・半分（700～800億円）は国の財政調整交付金に組入れ、自治体の責めによらない要因（精神疾患患者や子どもの被保険者が多いなど）による医療費増大に対する財政支援 ・半分は医療費適正化や保険料収納等に努力した市町村に配分（保険者努力支援制度を新設）

【国資料をもとに筆者作成】

【図表15】 2015年度保険者支援制度1700億円の影響額

		保険者支援制度 1700 億円				
		2015 年度収入	予算計上	被保険者数	影響額（一人当保険料値下げ額	実際に保険料を引き下げたかどうか
1	大阪市	4,680,000,000	計上済	755,516	6,194	据え置き
2	豊中市	500,000,000	計上済	98,866	5,057	据え置き
3	池田市		計上していない	25,362	0	
4	豊能町			6,415		据え置き
5	能勢町		計上していない	3,518		据え置き
6	箕面市	154,794,000	計上した	33,651	4,600	1 人 4600 円値下げ
7	高槻市	359,325,000	計上した	90,129	3,987	
8	島本町	22,152,486	計上せず 12 月議会で補正	7,226	3,066	
9	茨木市	207,000,000	計上した	65,527	3,159	
10	吹田市	342,000,000	計上した	81,814	4,180	据え置き
11	摂津市	173,895,000	計上した	24,346	7,143	1 人 3525 円値上げ
12	守口市	177,695,004	計上した	41,177	4,315	値下げ
13	門真市	未記入	未記入	40,434		未記入
14	大東市	現時点で不明		36,627		#VALUE!
15	四條畷市		計上せず補正で	15,677		1 人 1540 円値上げ
16	寝屋川市	292,673,000	計上した	69,907	4,187	
17	枚方市	未記入	計上した	102,025		値上げ。被保険者の減少及び医療費の増加に伴う必要が区の増加が財政支援による効果を上回るため
18	交野市	50,000,000	計上せず 12 月議会で補正	18,708	2,673	値上げ
19	東大阪市	933,397,000	計上した	138,984	6,716	1 人 10713 円値下げ
20	八尾市	500,000,000	計上した	77,574	6,445	
21	柏原市	106,000,000	計上した	19,709	5,378	
22	松原市	未回答	計上せず 3 月議会で補正	37,892		
23	羽曳野市	181,221,000	計上せず 12 月議会で補正	32,930	5,503	未定
24	藤井寺市	71,509,000	計上した	18,157	3,938	
25	大阪狭山市		計上した	14,851	0	未定
26	富田林市		計上していない	30,847	0	据え置き
27	太子町	不明	計上せず 12 月議会で補正	3,748		保険財政安定化拠出超過が 4 千万円以上見込まれ保険者支援制度で歳入が増えても相殺ができず据え置きとした
28	河南町	18,000,000	計上した	4,448	4,047	未定
29	千早赤阪村	15,000,000	計上せず 12 月議会で補正	1,947	7,704	値下げ
30	河内長野市	100,000,000	未記入	30,077	3,325	答えられない
31	堺市	850,000,000	計上した	225,522	3,769	1 人 1814 円値下げ
32	和泉市	157,000,000	計上した	46,473	3,378	1 人 3978 円値下げ
33	高石市	未記入	計上していない	14,866		未記入
34	泉大津市		計上していない	19,139	0	
35	忠岡町	19,000,000	計上した	4,619	4,113	
36	岸和田市	185,339,000	計上した	54,813	3,381	
37	貝塚市	100,000,000	計上していない	22,706	4,404	未定
38	泉佐野市	70,000,000	計上していない	25,830	2,710	2684 円値下げ
39	田尻町		未定	1,987	0	未定
40	熊取町	未記入	未記入	11,736		未記入
41	泉南市	72,663,000	計上した	21,367	3,401	累積赤字が残っているため安易に値下げは考えられない。据え置き
42	阪南市	68,466,000	計上した	16,187	4,230	2756 円値下げ
43	岬町	37,000,000	計上せず 12 月議会で補正	5,043	7,337	据え置き
	合計	10,444,129,490		2,398,377	4,355	

2015 年 6 月　大阪社保協調査

【資料　2015年6月　大阪府内市町村アンケート質問項目】

■2015年度から実施予定の低所得者対策のための財政支援1700億円について

・2015年度収入としては（　　　）円程度と予想

・すでに2015年度予算として

□計上した

□計上していない

計上していない場合・・・・・・　月議会で補正を組む

■国・大阪府とも、この1700億円の財政支援により、一人当保険料は5000円財政効果がある（下がる）としていますが、2015年度の国保料（税）は2014年度と比べ

□値下げする　一人当（　　　）円　全体として（　　　）%

□据え置きとする

□値上げする　一人当（　　　）円　全体として（　　　）%

□据え置きもしくは値上げとなる場合は、その要因についてお書きください。

さらに、2年目となる2016年度は2015年度の交付実績が明らかになるので、必ず予算計上させ、保険料引下げに使うよう要請していく必要があります。

一人当黒字が多すぎる市町村はいますぐ保険料引下げが可能

また、全国の多くの市町村の国保会計は黒字です。と書くと信じられないかもしれませんが、実際には黒字のところが多く、２０１３年度の全国の市町村の都道府県ごとの収支状況は49頁の【図表7】の通りであり、全国の国保会計収支もずっと黒字です（86～87頁の【図表16】）。

全国市町村ごとの国保会計収支は大阪社保協ホームページの各種データのページにアップしているのでご確認ください。「政府統計の総合窓口ｅ-Ｓｔａｔ」に毎年3月31日、国民健康保険事業年報がアップされますので、それ以降は最新のものとなります。現時点（２０１６年4月1日現在）では２０１４年度の全国の国保特別会計市町村収支が最新です。

全国一人当収支ランキング

２０１３年度のこのデータを使って、全国の一人当収支の高い順での一覧表をつくっておきましたので参考になさってください（巻末【図表19】）。

これらの自治体で、一般会計法定外繰入以上に大きく黒字がある自治体は今すぐにでも前述の「一人５０００円」どころか、数万円の引下げが可能な自治体であると言えます。

なぜならば、通年一人当数万円もの黒字がでている自治体は、もともと国保料（税）が高く設定されている可能性が高いからです。

市町村基金積み上げの検証を

多くの市町村は基金を持っており、２０１３年度末では全国で約３０００億円もありますが89頁【図表18】今後の納付金の行方を心配してさらに基金を積み上げようとしている自治体があります。

２０１８年度からは都道府県に財政安定化基金が設置されます。(90頁で解説) この基金の総額は全国で２０００億円、都道府県ごとの被保険者数で按分されるとすれば、東京都で２１５億円、神奈川県で１３８億円、大阪府で１４５億円、愛知県で１１０億円規模となることから（88頁【図表17】）、現在市町村がもつ基金のあり方についても２０１８年度までに検討する必要があります。

２０１６年10月には納付金・標準保険料試算が可能に

現在、都道府県と市町村の国保事務をスムーズに進めるために「標準的な電算処理システム」が国と国保連によって共同開発をされています。

このシステムは、①国保事業費納付金等算定標準システム（仮称）、②国保情報集約システム（仮称）③市町村事務処理標準システム（仮称）の３つの機能を合わせもつものです。

簡易版が２０１６年10月頃に都道府県に無料配布されますので、今秋以降は納付金や標準保険料率の具体的な試算が可能となります。なお、２０１６年５月頃から、この納付金算定及び標準保険料算定のためのデータを市町村が用意し、都道府県に提示することとなります。

国民健康保険事業報告より筆者で加工

平成 21 年度		平成 22 年度		平成 23 年度		平成 24 年度		平成 25 年度		平成 26 年度	
2009 年度		2010 年度		2011 年度		2012 年度		2013 年度		2014 年度	
(実績)	構成比	(実績)	構成比	(実績)	構成比	(実績)	構成比	(実績)	構成比	(見込)	構成比
30,495	23.6%	29,861	22.7%	30,411	22.2%	30,634	21.6%	31,078	21.7%	30,571	21.3%
32,280	25.0%	33,196	25.3%	34,353	25.1%	32,757	23.1%	32,989	23.0%	33,595	23.4%
5,859	4.5%	6,028	4.6%	7,174	5.2%	7,755	5.5%	7,319	5.1%	6,139	4.3%
26,690	20.7%	27,142	20.7%	29,569	21.6%	32,189	22.7%	33,474	23.3%	33,550	23.3%
8,269	6.4%	8,720	6.6%	8,956	6.5%	10,570	7.5%	10,651	7.4%	11,238	7.8%
4,046	3.1%	4,332	3.3%	4,282	3.1%	4,230	3.0%	4,224	2.9%	4,516	3.1%
3,601	2.8%	3,979	3.0%	3,903	2.8%	3,882	2.7%	3,895	2.7%	3,783	2.6%
14,247	11.0%	14,384	11.0%	14,767	10.8%	15,331	10.8%	15,453	10.8%	15,993	11.1%
1	0.0%	1	0.0%	2	0.0%	1	0.0%	1	0.0%	1	0.0%
507	0.4%	375	0.3%	416	0.3%	414	0.3%	437	0.3%	464	0.3%
643	0.5%	717	0.5%	621	0.5%	573	0.4%	624	0.4%	682	0.5%
2,418	1.9%	2,555	1.9%	2,664	1.9%	3,240	2.3%	3,348	2.3%	3,320	2.3%
7	0.0%	13	0.0%	11	0.0%	1	0.0%	1	0.0%	3	0.0%
129,063		131,303		137,129		141,577		143,494		143,855	

平成 21 年度		平成 22 年度		平成 23 年度		平成 24 年度		平成 25 年度		平成 26 年度	
2009 年度		2010 年度		2011 年度		2012 年度		2013 年度		2014 年度	
(実績)	構成比	(実績)	構成比	(実績)	構成比	(実績)	構成比	(実績)	構成比	(見込)	構成比
1,939	1.5%	2,047	1.6%	1,981	1.5%	1,835	1.3%	1,826	1.3%	1,855	1.3%
85,550	66.8%	88,291	67.9%	90,820	67.3%	92,149	66.3%	93,025	66.0%	93,585	66.2%
15,776	12.3%	14,518	11.2%	15,915	11.8%	17,442	12.6%	18,206	12.9%	18,098	12.8%
45	0.0%	25	0.0%	47	0.0%	19	0.0%	19	0.0%	14	0.0%
778	0.6%	199	0.2%	7	0.0%	3	0.0%	1	0.0%	2	0.0%
5,900	4.6%	6,271	4.6%	6,887	4.6%	7,407	4.6%	7,790	4.6%	7,725	4.6%
897	0.7%	924	0.7%	968	0.7%	1,018	0.7%	1,041	0.7%	1,089	0.8%
14,231	11.1%	14,355	11.0%	14,752	10.9%	15,317	11.0%	15,436	11.0%	15,978	11.3%
50	0.0%	49	0.0%	47	0.0%	46	0.0%	48	0.0%	71	0.1%
760	0.6%	1,046	0.8%	1,477	1.1%	1,954	1.4%	1,923	1.4%	1,642	1.2%
366	0.3%	398	0.3%	462	0.3%	562	0.4%	545	0.4%	455	0.3%
1,833	1.4%	1,811	1.4%	1,527	1.1%	1,190	0.9%	984	0.7%	932	0.7%
16	0.0%	16	0.0%	16	0.0%	18	0.0%	18	0.0%	19	0.0%
128,141		129,950		134,906		138,960		140,862		141,465	

922		**1,353**		**2,223**		**2,617**		**2,632**		**2,390**	
40,549	31.4%	41,916	31.9%	43,309	31.6%	43,327	30.6%	43,640	30.4%	44,833	31.2%
32,549		33,170		36,743		39,944		40,793		39,689	
16,599		14,742		15,969		17,464		18,226		18,114	
15,950		18,428		20,774		22,480		22,567		21,575	

【図表16】　国民健康保険財政状況（全国ベース）

収入 単位：億円	科　目	平成 17 年度 2005 年度 （実績）	構成比	平成 18 年度 2006 年度 （実績）	構成比	平成 19 年度 2007 年度 （実績）	構成比	平成 20 年度 2008 年度 （実績）	構成比
単年度収入（経常収入）	保険料（税）	36,106	31.8%	37,155	30.7%	37,726	28.8%	30,621	24.1%
	国庫支出金	35,138	30.9%	33,264	27.5%	33,240	25.3%	30,943	24.3%
	療養給付費交付金	21,028	18.5%	23,432	19.4%	26,584	20.3%	8,810	6.9%
	前期高齢者交付金	0	0.0%	0	0.0%	0	0.0%	24,365	19.2%
	都道府県支出金	7,174	6.3%	8,540	7.1%	8,745	6.7%	7,985	6.3%
	一般会計繰入金（法定分）	4,126	3.6%	4,285	3.5%	4,422	3.4%	3,994	3.1%
	一般会計繰入金（法定外）	3,858	3.4%	3,618	3.0%	3,804	2.9%	3,672	2.9%
	共同事業交付金	2,179	1.9%	7,221	6.0%	12,890	9.8%	13,858	10.9%
	直診勘定繰入金	2	0.0%	2	0.0%	6	0.0%	2	0.0%
	その他	510	0.4%	453	0.4%	380	0.3%	339	0.3%
基金繰入（取崩）金		833	0.7%	528	0.4%	700	0.5%	560	0.4%
（前年度からの）繰越金		2,586	2.3%	2,473	2.0%	2,633	2.0%	2,016	1.6%
市町村債		0	0.0%	7	0.0%	37	0.0%	7	0.0%
合計（収入総額）		113,540		120,978		131,167		127,172	

支出 単位：億円	科　目	平成 17 年度 2005 年度 （実績）	構成比	平成 18 年度 2006 年度 （実績）	構成比	平成 19 年度 2007 年度 （実績）	構成比	平成 20 年度 2008 年度 （実績）	構成比
単年度支出（経常支出）	総務費	1,940	1.7%	1,935	1.6%	2,269	1.7%	2,002	1.6%
	保険給付費	74,427	66.3%	77,766	65.0%	83,253	63.7%	83,382	65.9%
	後期高齢者支援金	0	0.0%	0	0.0%	0	0.0%	14,256	11.3%
	前期高齢者納付金	0	0.0%	0	0.0%	0	0.0%	19	0.0%
	老人保健拠出金	24,077	21.5%	22,571	18.9%	22,404	17.1%	3,331	2.6%
	介護納付金	7,056	6.3%	7,121	6.0%	6,795	5.2%	6,114	4.8%
	保健事業費	393	0.7%	389	0.7%	406	0.7%	840	0.7%
	共同事業拠出金	2,151	1.9%	7,203	6.0%	12,874	9.8%	13,843	10.9%
	直診勘定繰出金	52	0.0%	40	0.0%	35	0.0%	42	0.0%
	その他	702	0.6%	1,012	0.8%	1050	0.8%	760	0.6%
基金積立金		265	0.2%	283	0.2%	230	0.2%	229	0.2%
前年度繰上充用金		1,160	1.0%	1,280	1.1%	1,412	1.1%	1,714	1.4%
公債費		0	0.0%	0	0.0%	18	0.0%	13	0.0%
合計（支出総額）		112,223		119,600		130,746		126,545	

収支決算	**1,317**		**1,378**		**421**		**627**	
公費（国＋都道府県）	42,312	37.3%	41,804	34.6%	41,985	32.0%	38,928	30.6%
療養給付＋前期高齢者交付金	21,028		23,432		26,584		33,175	
後期＋前期＋老人保健	24,077		22,571		22,404		17,606	
差額（後期高齢者医療以降の財政効果）	-3,049		861		4,180		15,569	

【図表17】 被保険者数按分で財政安定化基金2000億円の配分シミュレーション

	都道府県名	被保険者数（2013年度）	構成比	財政安定化基金2000億円の配分（億円）
1	北海道	1,424,780	4.19%	83.88
2	青森県	413,599	1.22%	24.35
3	岩手県	336,869	0.99%	19.83
4	宮城県	589,428	1.73%	34.70
5	秋田県	271,056	0.80%	15.96
6	山形県	280,785	0.83%	16.53
7	福島県	527,197	1.55%	31.04
8	茨城県	881,308	2.59%	51.88
9	栃木県	569,573	1.68%	33.53
10	群馬県	579,318	1.71%	34.10
11	埼玉県	2,033,607	5.99%	119.72
12	千葉県	1,769,597	5.21%	104.18
13	東京都	3,666,021	10.79%	215.82
14	神奈川県	2,344,623	6.90%	138.03
15	新潟県	565,047	1.66%	33.26
16	富山県	239,252	0.70%	14.08
17	石川県	277,836	0.82%	16.36
18	福井県	181,996	0.54%	10.71
19	山梨県	244,968	0.72%	14.42
20	長野県	551,996	1.62%	32.50
21	岐阜県	560,934	1.65%	33.02
22	静岡県	1,018,990	3.00%	59.99
23	愛知県	1,866,784	5.49%	109.90
24	三重県	455,790	1.34%	26.83
25	滋賀県	324,256	0.95%	19.09
26	京都府	652,810	1.92%	38.43
27	大阪府	2,469,595	7.27%	145.39
28	兵庫県	1,405,236	4.14%	82.73
29	奈良県	370,746	1.09%	21.83
30	和歌山県	306,319	0.90%	18.03
31	鳥取県	143,266	0.42%	8.43
32	島根県	157,298	0.46%	9.26
33	岡山県	462,836	1.36%	27.25
34	広島県	675,561	1.99%	39.77
35	山口県	355,662	1.05%	20.94
36	徳島県	185,720	0.55%	10.93
37	香川県	241,446	0.71%	14.21
38	愛媛県	382,004	1.12%	22.49
39	高知県	207,225	0.61%	12.20
40	福岡県	1,292,458	3.80%	76.09
41	佐賀県	214,984	0.63%	12.66
42	長崎県	400,123	1.18%	23.56
43	熊本県	508,516	1.50%	29.94
44	大分県	298,858	0.88%	17.59
45	宮崎県	329,267	0.97%	19.38
46	鹿児島県	454,086	1.34%	26.73
47	沖縄県	483,239	1.42%	28.45
	合計	33,972,865		2000

被保険者数（平成25年度国民健康保険事業報告）をもとに筆者按分し作成

【図表18】 平成25年度(2013年度)都道府県ごと一人当基金残高

	都道府県名	被保険者数	基金残高	
			総額	一人当
1	北海道	1,424,780	14,674,176,884	10,299
2	青森県	413,599	5,499,457,734	13,297
3	岩手県	336,869	7,067,524,511	20,980
4	宮城県	589,428	16,050,652,110	27,231
5	秋田県	271,056	6,079,219,493	22,428
6	山形県	280,785	7,438,002,967	26,490
7	福島県	527,197	5,395,220,816	10,234
8	茨城県	881,308	3,297,773,370	3,742
9	栃木県	569,573	8,339,500,785	14,642
10	群馬県	579,318	10,799,020,375	18,641
11	埼玉県	2,033,607	17,280,930,459	8,498
12	千葉県	1,769,597	14,729,705,701	8,324
13	東京都	3,666,021	2,264,932,237	618
14	神奈川県	2,344,623	2,534,570,381	1,081
15	新潟県	565,047	4,125,838,048	7,302
16	富山県	239,252	2,147,218,428	8,975
17	石川県	277,836	5,255,786,581	18,917
18	福井県	181,996	1,902,267,754	10,452
19	山梨県	244,968	2,480,054,256	10,124
20	長野県	551,996	11,533,110,483	20,893
21	岐阜県	560,934	12,582,717,092	22,432
22	静岡県	1,018,990	16,133,341,807	15,833
23	愛知県	1,866,784	11,804,881,293	6,324
24	三重県	455,790	10,413,629,770	22,847
25	滋賀県	324,256	3,238,674,538	9,988
26	京都府	652,810	3,872,192,375	5,932
27	大阪府	2,469,595	3,742,982,526	1,516
28	兵庫県	1,405,236	8,144,319,919	5,796
29	奈良県	370,746	4,461,318,123	12,033
30	和歌山県	306,319	5,074,974,323	16,568
31	鳥取県	143,266	2,862,221,372	19,978
32	島根県	157,298	4,312,122,449	27,414
33	岡山県	462,836	5,730,882,819	12,382
34	広島県	675,561	8,767,633,433	12,978
35	山口県	355,662	4,224,603,916	11,878
36	徳島県	185,720	3,598,008,048	19,373
37	香川県	241,446	2,385,834,924	9,881
38	愛媛県	382,004	2,673,649,914	6,999
39	高知県	207,225	3,270,385,157	15,782
40	福岡県	1,292,458	3,814,988,946	2,952
41	佐賀県	214,984	1,476,965,997	6,870
42	長崎県	400,123	5,768,031,858	14,416
43	熊本県	508,516	7,368,230,751	14,490
44	大分県	298,858	2,856,732,663	9,559
45	宮崎県	329,267	7,357,414,799	22,345
46	鹿児島県	454,086	3,185,047,872	7,014
47	沖縄県	483,239	1,300,227,231	2,691
	合計	33,972,865	299,316,977,288	8,810

平成25年度国民健康保険事業報告より筆者作成

もうひとつの1700億円でできる「財政安定化基金」と「保険者努力支援制度」

81頁の【図表14】のもう一つの1700億円によってできる制度、「財政安定化基金」と「保険者努力支援制度」についてここで説明します。

都道府県財政安定化基金

【図表14】の②の1700億円で2015年~2017年の3年間で2000億円を積み上げて増設する基金です。毎年1700億円積み上げれば1700億円×3年で5100億円になるはずですが、2015年度に200億円、2016年度400億円、2017年度に1400億円を積み上げるようです。

交付と貸付がありますが、交付は天災や災害などによって納付金が集められない場合のみで、ほとんどが貸付になると考えられます。この交付や貸付の要件も都道府県が決定します。

しかし、果たして市町村がこの基金から借り入れをするのかどうか。

すでにある介護保険の都道府県財政安定化基金で考えてみましょう。

介護保険は第1期(2000~2002年度)・第2期(2003~2005年度)は安い保険料でスタートしたため、第2期途中に財源不足に陥り、多くの市町村が財政安定化基金から借り入れをしました。当然、第3期に返済しなければならなくなったため、大幅値上げの原因となりました。

その経験から第4期以降、基金は積み上げられたままでどの市町村も借りないという状況になり、2008年には会計監査院から「基金が積み上がり過ぎているから返すべき」という意見がだされました。

なお、2000億円の都道府県への配分ですが、被保険者数で単純に按分するとの情報ですので、88頁の【図表17】のようにシュミレーションをしてみましたので参考にしてください。

保険者努力支援制度

81頁の【図表14】の②の1700億円のうち700~800億円を使って2018年度から新たにできる制度で、すでに大阪府が実施している大阪府特別調整交付金の配分のための評価基準（56頁【図表8】）での加点・減点の考え方とてもよく似ています。ただ、国の考え方は、減算はなく、基礎点を100点として加点方式でいくようです。

最近『インセンティブ』という言葉がよく使われていますが、「動機づけ」という意味です。加点方式で医療費適正化にむけた取り組みを推進している市町村をより評価します。この交付金は直接市町村に入ります。そのため、赤字をかかえた市町村は、交付金ほしさに、保険料収納のための滞納処分などにひた走る可能性があります。

具体的な指標については「医療費適正化への取組や国保固有の構造問題への対応等を通じて保険者機能の役割を発揮してもらう観点から、適正かつ客観的な指標（後発医薬品使用割合・収納率等）に基づき…」となっていますので、まさにこの「大阪府特別調整交付金の評価基準の考え方」のように「収支」「赤字解消計画の推進」「目標収納率の達成度」「滞納繰り越し分の達成度」「滞納処分の実施」などが盛り込まれるのではないかと考えられます。

なお、この「保険者努力支援制度」は2018年度より前倒しして現行の調整交付金の交付によって2016年度より実施される予定です。

保険者努力支援制度（案）

（概要）

○ 医療費適正化への取組や国保固有の構造問題への対応等を通じて保険者機能の役割を発揮してもらう観点から、適正かつ客観的な指標（後発医薬品使用割合・収納率等）に基づき、保険者としての努力を行う都道府県や市町村に対し支援金を交付することで、国保の財政基盤を強化する。

（規模）

700～800億円程度

（指標）

○ 保険者努力支援制度に基づく支援金については、保険者の努力を判断する指標を踏まえて交付額を加算する。

○ 指標については、「保険者による健診・保健指導等に関する検討会」において示される保険者種別毎の共通の指標の他、あるべき医療提供体制を考える都道府県が適正化計画等に定める目標についても都道府県の取組として勘案して加算の対象とする。また、収納率等、構造問題への対応分についても加算の対象とすることとする。

（算定方法）

○都道府県、市町村ごとに基礎点を定め、指標に基づき点数を加算した後、被保険者規模をかけることで、自治体ごとの点数を求める。

（２０１６年２月２日「市町村セミナー資料」より抜粋）

おわりに

市町村自治が尊重されるか、否定されるかがいま問われている

これから策定される都道府県国保運営方針の中で、2018年以降どのような国保を運営するのか、保険料をどのように決めるのか、一般会計法定外繰入の有無だけでなく、条例減免はじめ徴収・給付に係る様々な事務等、何を統一し標準化するのか、市町村を縛ろうとするのかしないのか、何が盛り込まれていくのかが焦点となります。

それは、まさしく、市町村自治が尊重されるのか、否定されるのかが、47都道府県で問われるということです。

今後は各市町村単位での運動だけでなく、都道府県での検討内容を知るために会議資料の全開示請求やヒアリングなどが重要となります。さらに、都道府県議会及び市町村議会の内外で自治体の声もよく聞き取り、率直な声を都道府県に橋渡ししていく役割も求められます。

都道府県国保運営方針は「技術的助言」、保険料等賦課決定権限はあくまでも市町村

２０１６年3月24日に確認の意味をこめて、厚生労働省国民健康保険課企画法令係の舟津係長に以下のようにメールで直接質問をいれました。

厚生労働省国民健康保険企画法令係　舟津さま

いつも大変お世話になっております。

国保都道府県単位化にあたり、以下の点についてお尋ねいたします。

① 都道府県国保運営方針の位置付けは、技術的助言でしょうか。それとも法的な拘束力があるのでしょうか。

② 保険料賦課の権限はどこにあるのでしょうか。市町村でしょうか、都道府県でしょうか。

③ 大阪府は「国が一般会計法定外繰入は赤字だと言っている。大阪府としても　赤字なので指導しないといけない」との趣旨での発言をしておりますが、厚生労働省としてもそうしたお考えでしょうか。

3月31日に舟津係長より直接大阪社保協に電話があり、次頁のように回答をいただきました。改めて再確認しておきたいと思います。

【回答要旨】

・都道府県国民健康保険運営方針はお尋ねの通り、「技術的助言」であり、法的拘束力はない。
・保険料賦課の権限はこれまでと同様に市町村にある。
・一般会計法定外繰入は市町村の政策的判断で実施するものについては必ずしも解消削減すべきものではない。なにが政策的判断によるものかの線引きは現在協議中だが、ガイドラインには明記しない。
・案のとれたガイドラインは4月中に通知する予定。
・いまのところQ&Aを作成する予定はないが、質問などが多ければまた検討する。

戦後国保には住民のいのちと健康を守ってきた市町村ごとの歴史がある

戦後の国保には、国の「皆保険計画」よりも以前に、全国の市町村が目の前にいる住民のいのちと健康を守るために、国保と国保診療所や公立病院を自らの手で作ってきたという歴史があります。

拙著『基礎から学ぶ国保』(2015年　日本機関紙出版センター)に、無医村だった岩手県の村(二戸郡石切所村)がどのようにして、またどのような思いで国保と国保診療所をつくったのか、その当時の村長さんの手記を掲載しました。そこには村民の福祉と幸せのために、村長はじめ役場の職員が奔走する姿がえがかれていますが、「この苦労も五千人住民の高福祉のためと思えば勇気は百倍した」と書かれており、自治体の本分ここにありきと感動的です。

そして、現在全国に1724の市区町村がありますが（2016年2月　政府統計）1950年代には約4000の市町村がありました。それぞれの市町村国保には前述の岩手県の村のようにそれぞれの歴史があり、現在ある制度はその歴史の結果なのです。

国保は全ての国民が他の医療保険に加入できない場合に入ることのできる、医療のセーフティネットです。そのため、国保法第一条には（この法律の目的）として「この法律は、国民健康保険事業の健全な運営を確保し、もつて社会保障及び国民保健の向上に寄与することを目的とする」と明記され、これはこの度の法改正においても改変されることなく、いまもその精神は生き続けています。

この2年が正念場

戦後国保の歴史の中でいま問われているのは、住民の立場に立ちいのちを守る自治体としてあるのか、地域での国保の歴史をかなぐり捨て、安易に平準化、標準化、統一化に流される自治体になるのか、なのです。

都道府県ごとの今後2年間のたたかいが、2018年度からの国保を左右すると言っても過言ではありません。まさに、この2年が正念場です。この本が全国各地でのたたかいの一助となれば幸いです。

平成25年度(2013年度)全国市町村国保会計一人当収支順位

順位	都道府県名	保険者名	加入者数	収支決算		一般会計法定外繰入		基金残高	
				金額	一人当	総額	一人当	総額	一人当
1669	41 佐賀	唐津市	36,165	-1,200,450,043	-33,194	271,977,284	7,520	10,046,240	278
1670	17 石川	内灘町	6,364	-212,461,383	-33,385	12,800,000	2,011	0	0
1671	41 佐賀	小城市	10,589	-353,641,569	-33,397	267,831,051	25,293	0	0
1672	47 沖縄	南城市	13,767	-481,830,815	-34,999	230,396,000	16,735	5,000,996	363
1673	01 北海道	北斗市	12,567	-446,451,805	-35,526	122,074,201	9,714	0	0
1674	41 佐賀	嬉野市	7,630	-277,211,818	-36,332	52,198,635	6,841	0	0
1675	46 鹿児島	枕崎市	7,174	-265,141,776	-36,959	144,000,462	20,073	0	0
1676	47 沖縄	石垣市	18,323	-680,246,035	-37,125	301,816,000	16,472	10,000,000	546
1677	01 北海道	留萌市	4,955	-184,329,685	-37,201	6,131,000	1,237	0	0
1678	27 大阪	阪南市	16,569	-631,568,173	-38,117	68,550,254	4,137	176,956,983	10,680
1679	12 千葉	千葉市	254,613	-9,893,832,516	-38,858	3,971,505,358	15,598	0	0
1680	29 奈良	御所市	8,984	-352,972,774	-39,289	0	0	100,348,101	11,170
1681	47 沖縄	八重瀬町	9,226	-365,860,810	-39,655	151,978,000	16,473	10,000,000	1,084
1682	27 大阪	吹田市	83,676	-3,355,386,113	-40,100	941,576,159	11,253	0	0
1683	47 沖縄	うるま市	47,864	-1,956,468,545	-40,876	1,000,000,000	20,893	14,500,000	303
1684	02 青森	むつ市	18,275	-762,622,203	-41,730	23,002,395	1,259	0	0
1685	40 福岡	嘉麻市	11,978	-503,699,778	-42,052	150,000,000	12,523	0	0
1686	40 福岡	鞍手町	4,548	-193,644,875	-42,578	9,859,000	2,168	791,414	174
1687	40 福岡	朝倉市	15,641	-673,797,155	-43,079	57,016,829	3,645	0	0
1688	39 高知	黒潮町	4,220	-181,965,708	-43,120	0	0	214,743	51
1689	40 福岡	糸田町	2,505	-110,117,040	-43,959	0	0	0	0
1690	39 高知	安芸市	6,887	-309,368,001	-44,921	22,512,413	3,269	0	0
1691	47 沖縄	南風原町	10,838	-493,408,286	-45,526	117,250,000	10,818	95,867	9
1692	46 鹿児島	奄美市	14,409	-670,832,754	-46,557	250,000,000	17,350	1,101,974	76
1693	01 北海道	石狩市	17,275	-829,542,268	-48,020	163,454,685	9,462	0	0
1694	47 沖縄	糸満市	18,963	-910,685,316	-48,024	152,160,885	8,024	9,013,322	475
1695	40 福岡	太宰府市	17,548	-882,979,342	-50,318	0	0	148,846	8
1696	41 佐賀	武雄市	12,749	-646,673,957	-50,724	58,546,203	4,592	649,809	51
1697	27 大阪	柏原市	20,441	-1,043,176,029	-51,034	97,264,537	4,758	0	0
1698	47 沖縄	那覇市	97,562	-5,056,109,698	-51,825	1,548,946,677	15,877	30,001,414	308
1699	18 福井	福井市	58,121	-3,027,887,211	-52,096	450,000,000	7,742	18,579,231	320
1700	41 佐賀	伊万里市	14,512	-769,278,080	-53,010	3,341,077	230	105,020,416	7,237
1701	40 福岡	行橋市	17,186	-986,730,623	-57,415	50,000,000	2,909	0	0
1702	27 大阪	箕面市	34,731	-2,007,759,027	-57,809	468,217,000	13,481	391,658	11
1703	27 大阪	高石市	15,578	-915,196,538	-58,749	67,000,000	4,301	0	0
1704	40 福岡	小郡市	13,060	-791,755,319	-60,624	1,308,903	100	1,048	0
1705	41 佐賀	鳥栖市	14,898	-913,658,461	-61,328	43,291,645	2,906	9,537,909	640
1706	40 福岡	大任町	1,484	-91,297,423	-61,521	5,346,514	3,603	0	0
1707	27 大阪	門真市	42,230	-2,598,620,488	-61,535	722,329,791	17,105	0	0
1708	27 大阪	松原市	39,034	-2,406,229,495	-61,644	170,000,000	4,355	0	0
1709	29 奈良	斑鳩町	7,439	-476,746,309	-64,087	19,848,828	2,668	69,228	9
1710	41 佐賀	大町町	1,918	-136,593,264	-71,217	267,439	139	4,060,112	2,117
1711	47 沖縄	今帰仁村	3,894	-317,375,356	-81,504	54,000,000	13,867	3,000,000	770
1712	39 高知	室戸市	5,525	-464,100,881	-84,000	128,921,683	23,334	15,000	3
1713	13 東京	八丈町	3,660	-340,010,414	-92,899	80,001,000	21,858	0	0
1714	40 福岡	中間市	12,997	-1,250,831,582	-96,240	0	0	0	0
1715	01 北海道	鹿部町	2,110	-226,259,853	-107,232	0	0	0	0
1716	47 沖縄	西原町	10,973	-1,320,986,514	-120,385	0	0	2,054,000	187
1717	40 福岡	川崎町	4,952	-701,764,390	-141,713	0	0	0	0
1718	40 福岡	福智町	6,611	-1,074,539,435	-162,538	37,627,000	5,692	9,803,507	1,483

順位	都道府県名	保険者名	加入者数	収支決算		一般会計法定外繰入		基金残高	
				金額	一人当	総額	一人当	総額	一人当
1613	03 岩手	大船渡市	11,503	-96,798,560	-8,415	0	0	372,569	32
1614	08 茨城	水戸市	74,715	-631,038,862	-8,446	1,130,380,099	15,129	0	0
1615	31 鳥取	米子市	35,259	-303,889,174	-8,619	100,000,000	2,836	1,938,225	55
1616	40 福岡	苅田町	8,335	-71,941,465	-8,631	100,000,000	11,998	0	0
1617	02 青森	大鰐町	3,561	-34,174,550	-9,597	11,208,530	3,148	0	0
1618	39 高知	土佐清水市	5,659	-56,058,726	-9,906	7,764,480	1,372	69,378,598	12,260
1619	39 高知	越知町	1,773	-17,994,268	-10,149	0	0	128,903,280	72,703
1620	29 奈良	広陵町	8,408	-90,366,769	-10,748	65,998,136	7,849	0	0
1621	40 福岡	大川市	10,596	-114,264,065	-10,784	0	0	10,515,688	992
1622	40 福岡	添田町	3,158	-35,411,092	-11,213	0	0	52,000,000	16,466
1623	46 鹿児島	与論町	2,181	-24,835,180	-11,387	51,083,613	23,422	0	0
1624	40 福岡	直方市	15,082	-179,280,931	-11,887	0	0	0	0
1625	02 青森	弘前市	54,228	-653,515,474	-12,051	0	0	0	0
1626	41 佐賀	みやき町	6,935	-85,326,548	-12,304	17,182,990	2,478	7,000,000	1,009
1627	40 福岡	宇美町	9,309	-115,193,473	-12,374	152,007,117	16,329	5,000,000	537
1628	26 京都	宇治田原町	2,665	-33,586,436	-12,603	17,211,000	6,458	0	0
1629	03 岩手	岩手町	4,756	-60,766,029	-12,777	0	0	16,000	3
1630	47 沖縄	豊見城市	16,908	-228,135,363	-13,493	202,661,000	11,986	10,038,858	594
1631	40 福岡	筑前町	7,653	-104,082,305	-13,600	100,000,000	13,067	6,000,000	784
1632	15 新潟	三条市	24,039	-329,063,449	-13,689	0	0	383,884	16
1633	27 大阪	八尾市	80,146	-1,129,399,628	-14,092	920,612,000	11,487	0	0
1634	01 北海道	白糠町	2,658	-37,987,904	-14,292	35,344,765	13,298	673	0
1635	26 京都	八幡市	20,906	-316,882,548	-15,157	154,749,000	7,402	0	0
1636	01 北海道	松前町	3,023	-45,885,841	-15,179	8,776,580	2,903	68,429	23
1637	01 北海道	恵庭市	15,819	-244,751,489	-15,472	146,594,579	9,267	0	0
1638	40 福岡	築上町	5,267	-83,633,225	-15,879	7,105,637	1,349	5,500,000	1,044
1639	27 大阪	枚方市	104,474	-1,669,796,135	-15,983	1,200,000,000	11,486	0	0
1640	27 大阪	摂津市	25,377	-406,769,389	-16,029	400,826,922	15,795	0	0
1641	27 大阪	泉大津市	19,691	-317,307,864	-16,114	116,467,910	5,915	0	0
1642	40 福岡	志免町	11,134	-179,854,439	-16,154	110,696,905	9,942	2,435,418	219
1643	27 大阪	大阪市	778,889	-12,922,208,092	-16,591	14,515,442,769	18,636	0	0
1644	01 北海道	芽室町	6,359	-106,379,980	-16,729	133,010,521	20,917	0	0
1645	01 北海道	岩見沢市	22,654	-383,056,917	-16,909	125,462,704	5,538	0	0
1646	40 福岡	宮若市	7,466	-127,902,100	-17,131	236,006,455	31,611	0	0
1647	27 大阪	大東市	37,536	-664,200,783	-17,695	83,825,884	2,233	0	0
1648	03 岩手	一戸町	4,384	-80,445,720	-18,350	0	0	3,678,242	839
1649	27 大阪	泉南市	21,771	-402,305,991	-18,479	35,194,723	1,617	0	0
1650	13 東京	国分寺市	28,654	-563,189,972	-19,655	1,141,258,000	39,829	0	0
1651	39 高知	土佐市	9,269	-186,025,196	-20,070	0	0	0	0
1652	40 福岡	篠栗町	7,151	-152,623,327	-21,343	0	0	0	0
1653	01 北海道	当別町	5,242	-114,571,483	-21,856	6,799,645	1,297	0	0
1654	47 沖縄	北中城村	5,931	-132,020,199	-22,259	40,000,000	6,744	5,311,622	896
1655	46 鹿児島	鹿児島市	141,062	-3,182,773,906	-22,563	2,145,321,000	15,208	0	0
1656	15 新潟	加茂市	7,260	-171,465,775	-23,618	0	0	483,280	67
1657	40 福岡	粕屋町	8,984	-216,399,791	-24,087	150,000,000	16,696	0	0
1658	27 大阪	岸和田市	56,136	-1,388,145,571	-24,728	299,717,716	5,339	0	0
1659	41 佐賀	白石町	7,539	-189,523,263	-25,139	82,431,001	10,934	12,630,570	1,675
1660	27 大阪	池田市	25,992	-656,310,331	-25,250	176,152,298	6,777	0	0
1661	40 福岡	広川町	5,612	-142,962,933	-25,475	31,690,630	5,647	0	0
1662	27 大阪	忠岡町	4,816	-122,756,169	-25,489	11,219,848	2,330	0	0
1663	29 奈良	安堵町	2,243	-60,085,952	-26,788	0	0	0	0
1664	37 香川	善通寺市	7,778	-220,153,061	-28,305	67,094,000	8,626	0	0
1665	01 北海道	長万部町	1,805	-52,402,494	-29,032	0	0	0	0
1666	30 和歌山	串本町	6,807	-197,681,116	-29,041	15,197,843	2,233	0	0
1667	28 兵庫	宝塚市	55,765	-1,658,552,811	-29,742	707,975,441	12,696	305,798	5
1668	47 沖縄	名護市	19,844	-631,064,741	-31,801	239,513,420	12,070	10,000,000	504

平成25年度(2013年度)全国市町村国保会計一人当収支順位

順位	都道府県名	保険者名	加入者数	収支決算		一般会計法定外繰入		基金残高	
				金額	一人当	総額	一人当	総額	一人当
1557	11 埼玉	川口市	173,251	0	0	3,170,005,496	18,297	19,815,160	114
1558	13 東京	新島村	1,226	0	0	74,262,456	60,573	0	0
1559	17 石川	珠洲市	4,605	0	0	0	0	684,643,380	148,674
1560	18 福井	おおい町	1,961	0	0	61,445,154	31,334	250,791,188	127,889
1561	34 広島	広島市	277,091	0	0	2,544,452,808	9,183	0	0
1562	35 山口	周防大島町	6,353	0	0	144,834,283	22,798	50,758,892	7,990
1563	36 徳島	阿南市	18,078	0	0	39,584,271	2,190	66,936,043	3,703
1564	37 香川	高松市	99,022	0	0	1,374,677,003	13,883	353,773	4
1565	39 高知	佐川町	3,829	0	0	11,813,947	3,085	191,288,720	49,958
1566	39 高知	三原村	531	0	0	0	0	87,231,992	164,279
1567	40 福岡	那珂川町	13,398	0	0	276,765,383	20,657	1,250,000	93
1568	40 福岡	赤村	1,030	0	0	4,084,949	3,966	1,637,043	1,589
1569	42 長崎	五島市	14,659	0	0	81,350,874	5,550	0	0
1570	46 鹿児島	屋久島町	4,914	0	0	34,199,181	6,960	777,186	158
1571	38 愛媛	伊予市	10,541	-1,526,911	-145	87,461,556	8,297	716,000	68
1572	46 鹿児島	伊佐市	8,238	-4,105,479	-498	184,711,000	22,422	283,694	34
1573	15 新潟	阿賀野市	11,531	-6,287,710	-545	250,000,000	21,681	153,030	13
1574	27 大阪	藤井寺市	18,545	-11,005,660	-593	140,243,264	7,562	7,876,660	425
1575	13 東京	武蔵村山市	23,937	-14,289,258	-597	1,009,590,000	42,177	0	0
1576	01 北海道	砂川市	4,735	-4,513,522	-953	0	0	65,445,578	13,822
1577	35 山口	平生町	3,447	-3,747,310	-1,087	7,323,000	2,124	450,677	131
1578	11 埼玉	所沢市	96,682	-156,916,082	-1,623	700,000,000	7,240	895,237,124	9,260
1579	27 大阪	富田林市	31,629	-53,373,039	-1,687	125,226,000	3,959	0	0
1580	01 北海道	函館市	73,238	-131,638,717	-1,797	124,675,109	1,702	0	0
1581	08 茨城	大洗町	6,403	-12,865,697	-2,009	224,007,579	34,985	788,309	123
1582	11 埼玉	鳩山町	5,088	-10,423,871	-2,049	68,000,000	13,365	6,051,980	1,189
1583	45 宮崎	宮崎市	110,516	-240,806,240	-2,179	333,543,000	3,018	700,000,000	6,334
1584	27 大阪	東大阪市	145,471	-335,854,581	-2,309	1,564,958,988	10,758	0	0
1585	47 沖縄	伊是名村	547	-1,330,377	-2,432	1,751,782	3,203	21,000,000	38,391
1586	46 鹿児島	霧島市	30,494	-82,628,388	-2,710	107,288,652	3,518	5,963,000	196
1587	27 大阪	熊取町	11,831	-35,645,832	-3,013	9,528,998	805	0	0
1588	36 徳島	板野町	3,783	-11,833,650	-3,128	50,500,000	13,349	0	0
1589	41 佐賀	鹿島市	8,620	-27,132,603	-3,148	2,719,242	315	54,400,519	6,311
1590	40 福岡	岡垣町	8,216	-26,752,398	-3,256	90,000,000	10,954	224,701	27
1591	43 熊本	長洲町	4,312	-15,569,011	-3,611	0	0	0	0
1592	40 福岡	桂川町	3,790	-14,065,431	-3,711	3,574,352	943	26,125,163	6,893
1593	01 北海道	士別市	5,998	-22,708,165	-3,786	22,236,400	3,707	123,061,616	20,517
1594	25 滋賀	高島市	14,524	-59,809,006	-4,118	72,377,162	4,983	15,084,000	1,039
1595	47 沖縄	浦添市	34,064	-159,322,080	-4,677	727,653,976	21,361	30,688,822	901
1596	13 東京	小金井市	27,769	-131,507,705	-4,736	955,000,000	34,391	6,207,759	224
1597	40 福岡	大木町	3,552	-17,596,196	-4,954	23,000,000	6,475	10,000	3
1598	02 青森	三沢市	11,468	-59,473,725	-5,186	0	0	270,850,978	23,618
1599	43 熊本	玉名市	20,636	-107,109,125	-5,190	15,643,873	758	0	0
1600	01 北海道	安平町	2,601	-13,633,358	-5,242	43,441,522	16,702	0	0
1601	28 兵庫	三木市	22,201	-117,639,878	-5,299	368,158,211	16,583	116,678	5
1602	01 北海道	八雲町	5,867	-33,375,490	-5,689	3,910,117	666	1,469,370	250
1603	19 山梨	甲府市	53,677	-319,832,373	-5,958	446,984,060	8,327	70,421	1
1604	03 岩手	久慈市	11,220	-68,192,948	-6,078	0	0	24,781,089	2,209
1605	47 沖縄	宜野湾市	31,272	-198,028,553	-6,332	837,891,000	26,794	15,192,961	486
1606	29 奈良	明日香村	1,762	-11,316,165	-6,422	2,080,704	1,181	0	0
1607	12 千葉	八街市	26,913	-173,085,142	-6,431	7,740,000	288	64,740,324	2,406
1608	41 佐賀	佐賀市	57,552	-382,063,984	-6,639	415,135,876	7,213	30,000,000	521
1609	13 東京	狛江市	21,146	-152,675,997	-7,220	589,329,447	27,870	518,000	24
1610	27 大阪	高槻市	93,342	-689,230,672	-7,384	1,135,982,923	12,170	0	0
1611	43 熊本	熊本市	188,789	-1,491,929,356	-7,903	3,282,088,000	17,385	0	0
1612	23 愛知	春日井市	80,011	-653,427,578	-8,167	1,115,578,095	13,943	0	0

順位	都道府県名	保険者名	加入者数	収支決算		一般会計法定外繰入		基金残高	
				金額	一人当	総額	一人当	総額	一人当
1501	34 広島	大竹市	7,888	2,797,301	355	2,110,404	268	585,419,134	74,216
1502	39 高知	土佐町	1,104	387,231	351	0	0	201,878,252	182,861
1503	01 北海道	奥尻町	914	317,897	348	0	0	15,416,299	16,867
1504	31 鳥取	日南町	1,387	456,637	329	0	0	453,831,971	327,204
1505	30 和歌山	岩出市	14,182	4,611,279	325	36,681,000	2,586	900,000	63
1506	28 兵庫	上郡町	4,280	1,284,178	300	6,207,263	1,450	132,733,000	31,012
1507	46 鹿児島	和泊町	2,799	836,551	299	58,221,000	20,801	48,000,000	17,149
1508	17 石川	穴水町	2,467	704,232	285	0	0	135,372,469	54,873
1509	01 北海道	上富良野町	3,120	885,026	284	12,029,000	3,855	179,144	57
1510	08 茨城	土浦市	42,827	11,665,390	272	705,000,000	16,462	289,127	7
1511	19 山梨	道志村	607	147,348	243	3,859,042	6,358	26,955,454	44,408
1512	01 北海道	別海町	7,619	1,834,299	241	93,762,318	12,306	0	0
1513	29 奈良	宇陀市	10,414	2,493,098	239	0	0	81,323,025	7,809
1514	29 奈良	山添村	1,093	258,261	236	0	0	129,507,537	118,488
1515	40 福岡	久留米市	79,173	17,233,968	218	208,365,037	2,632	569,494,227	7,193
1516	01 北海道	豊浦町	1,489	307,668	207	98,808,396	66,359	1,503,313	1,010
1517	10 群馬	沼田市	17,162	3,511,465	205	109,462,178	6,378	10,209,951	595
1518	46 鹿児島	喜界町	2,871	586,818	204	58,239,000	20,285	20,572	7
1519	01 北海道	稚内市	9,649	1,872,974	194	136,268,851	14,123	0	0
1520	40 福岡	筑後市	12,215	2,253,614	184	45,733,654	3,744	27,500,000	2,251
1521	01 北海道	新得町	1,837	337,068	183	63,378,831	34,501	16,212,843	8,826
1522	14 神奈川	三浦市	17,315	3,105,995	179	321,628,411	18,575	98,324,702	5,679
1523	39 高知	いの町	6,578	1,174,215	179	0	0	232,199,130	35,299
1524	47 沖縄	宮古島市	19,813	3,515,548	177	391,309,408	19,750	28,300,308	1,428
1525	45 宮崎	都城市	46,156	8,025,081	174	0	0	2,133,879,933	46,232
1526	40 福岡	柳川市	20,350	3,478,257	171	0	0	531,198,092	26,103
1527	19 山梨	中央市	8,020	1,352,011	169	96,672,081	12,054	45,893,000	5,722
1528	20 長野	伊那市	17,372	2,819,636	162	0	0	396,362,052	22,816
1529	32 島根	江津市	5,576	903,200	162	147,937,885	26,531	132,782,900	23,813
1530	27 大阪	四條畷市	16,129	2,488,153	154	61,425,862	3,808	152,429,907	9,451
1531	32 島根	美郷町	1,225	170,300	139	1,197,469	978	86,700,452	70,776
1532	40 福岡	東峰村	737	100,009	136	16,548,181	22,453	2,000,000	2,714
1533	13 東京	府中市	64,236	8,421,215	131	2,647,206,000	41,211	2,377,130	37
1534	20 長野	千曲市	14,846	1,861,170	125	84,622,905	5,700	40,150,001	2,704
1535	40 福岡	大牟田市	32,169	3,961,309	123	0	0	808,530,249	25,134
1536	26 京都	伊根町	716	84,235	118	6,650,535	9,288	163,522,719	228,384
1537	29 奈良	大淀町	5,243	596,903	114	72,500,000	13,828	589,922	113
1538	18 福井	越前市	18,533	1,873,555	101	237,788,234	12,831	165,909,628	8,952
1539	08 茨城	高萩市	8,245	818,754	99	141,458,948	17,157	434,411	53
1540	38 愛媛	西予市	12,803	1,163,672	91	20,398,612	1,593	730,092	57
1541	12 千葉	木更津市	40,054	3,593,761	90	185,000,000	4,619	10,446,488	261
1542	42 長崎	佐世保市	67,178	5,407,564	80	8,379,376	125	603,447,562	8,983
1543	40 福岡	八女市	21,610	1,625,147	75	103,770,000	4,802	19,756,454	914
1544	34 広島	府中町	11,836	531,900	45	195,658,615	16,531	0	0
1545	13 東京	大島町	3,312	102,800	31	172,277,732	52,016	662,467	200
1546	29 奈良	十津川村	1,195	28,248	24	37,000,000	30,962	0	0
1547	03 岩手	九戸村	2,069	48,068	23	0	0	26,611,000	12,862
1548	43 熊本	宇土市	10,913	166,029	15	232,694,777	21,323	0	0
1549	09 栃木	宇都宮市	134,770	1,789	0	752,021,000	5,580	239,625,984	1,778
1550	01 北海道	伊達市	9,847	0	0	51,385,555	5,218	1,003,348	102
1551	01 北海道	新ひだか町	7,709	0	0	19,200,391	2,491	0	0
1552	01 北海道	音更町	12,352	0	0	174,601,492	14,135	770,220	62
1553	02 青森	七戸町	5,478	0	0	14,443,192	2,637	21,158,993	3,863
1554	04 宮城	川崎町	2,947	0	0	31,018,173	10,525	0	0
1555	08 茨城	牛久市	23,181	0	0	241,278,498	10,408	8,430,255	364
1556	11 埼玉	熊谷市	55,998	0	0	993,463,260	17,741	30,453,337	544

平成25年度(2013年度)全国市町村国保会計一人当収支順位

順位	都道府県名	保険者名	加入者数	収支決算		一般会計法定外繰入		基金残高	
				金額	一人当	総額	一人当	総額	一人当
1445	01 北海道	羽幌町	2,271	2,026,386	892	6,983,475	3,075	174,283,568	76,743
1446	28 兵庫	赤穂市	12,031	10,615,654	882	56,533,889	4,699	194,767,487	16,189
1447	30 和歌山	新宮市	10,478	9,105,334	869	4,553,200	435	8,412,000	803
1448	01 北海道	浦河町	4,019	3,427,642	853	74,048,919	18,425	0	0
1449	40 福岡	うきは市	9,505	8,037,294	846	70,951,928	7,465	410,379	43
1450	01 北海道	幌加内町	506	424,809	840	1,271,000	2,512	229,301,222	453,164
1451	46 鹿児島	知名町	2,643	2,156,842	816	70,639,000	26,727	538	0
1452	41 佐賀	多久市	5,270	4,195,692	796	1,261,265	239	129,242,889	24,524
1453	34 広島	庄原市	8,965	7,012,780	782	0	0	409,806,760	45,712
1454	03 岩手	軽米町	3,607	2,808,356	779	581,100	161	17,002,046	4,714
1455	01 北海道	北見市	33,729	25,357,190	752	126,167,494	3,741	321,132,272	9,521
1456	08 茨城	行方市	14,609	10,859,074	743	391,000,000	26,764	81,384,444	5,571
1457	39 高知	大豊町	1,224	888,461	726	0	0	161,461,552	131,913
1458	21 岐阜	高山市	26,012	18,666,550	718	34,050,554	1,309	832,082,914	31,988
1459	32 島根	奥出雲町	3,223	2,281,047	708	2,793,315	867	321,194,144	99,657
1460	32 島根	川本町	841	587,699	699	1,196,488	1,423	53,692,000	63,843
1461	44 大分	姫島村	801	558,428	697	2,614,644	3,264	115,067,240	143,654
1462	28 兵庫	佐用町	4,731	3,222,454	681	70,704,825	14,945	44,545,813	9,416
1463	12 千葉	市原市	88,101	59,769,027	678	2,272,608,960	25,795	0	0
1464	46 鹿児島	垂水市	4,883	3,271,905	670	98,000,000	20,070	0	0
1465	03 岩手	宮古市	17,022	11,091,893	652	60,839,000	3,574	1,094,091,276	64,275
1466	32 島根	益田市	11,965	7,754,281	648	9,103,641	761	457,011,461	38,196
1467	07 福島	会津若松市	33,156	21,318,080	643	231,138,668	6,971	317,567	10
1468	39 高知	大月町	2,167	1,383,954	639	72,000,000	33,226	2,520,258	1,163
1469	31 鳥取	北栄町	4,744	3,012,172	635	33,583,841	7,079	0	0
1470	40 福岡	須恵町	7,168	4,448,418	621	248,333,000	34,645	0	0
1471	04 宮城	石巻市	45,846	28,322,185	618	10,067,486	220	2,912,260,684	63,523
1472	26 京都	京田辺市	15,000	9,223,113	615	114,529,107	7,635	198,183,215	13,212
1473	01 北海道	広尾町	2,582	1,555,307	602	82,615,749	31,997	1,252,460	485
1474	20 長野	小川村	730	436,742	598	7,000	10	22,541,293	30,878
1475	21 岐阜	海津市	11,298	6,708,253	594	106,154,262	9,396	95,617	8
1476	20 長野	松川村	2,547	1,488,435	584	6,051,000	2,376	76,061,341	29,863
1477	01 北海道	白老町	6,189	3,477,360	562	31,890,754	5,153	402,296	65
1478	02 青森	平川市	10,515	5,906,881	562	0	0	318,753,412	30,314
1479	44 大分	佐伯市	23,529	13,061,241	555	6,290,000	267	998,209,652	42,425
1480	46 鹿児島	徳之島町	4,426	2,450,929	554	151,000,000	34,117	22,374,000	5,055
1481	46 鹿児島	指宿市	14,716	7,898,512	537	251,562,984	17,095	611,851	42
1482	01 北海道	深川市	6,675	3,563,664	534	17,000,000	2,547	54,955,643	8,233
1483	44 大分	豊後高田市	6,558	3,374,938	515	8,136,172	1,241	25,537,811	3,894
1484	24 三重	鈴鹿市	45,740	22,891,024	500	2,572,600	56	596,879,312	13,049
1485	25 滋賀	近江八幡市	19,116	9,535,083	499	14,814,000	775	265,126,579	13,869
1486	44 大分	杵築市	8,575	4,256,166	496	17,333,243	2,021	25,469,234	2,970
1487	03 岩手	釜石市	9,660	4,646,190	481	0	0	790,062,279	81,787
1488	03 岩手	二戸市	9,061	4,319,091	477	0	0	223,045,266	24,616
1489	26 京都	和束町	1,759	832,540	473	0	0	763	0
1490	20 長野	阿南町	1,070	477,803	447	9,000,000	8,411	50,567,380	47,259
1491	26 京都	宮津市	5,925	2,605,324	440	0	0	179,947,461	30,371
1492	01 北海道	森町	6,238	2,715,220	435	111,638,516	17,897	0	0
1493	29 奈良	奈良市	90,942	38,697,869	426	200,000,000	2,199	670,584,884	7,374
1494	39 高知	須崎市	7,699	3,255,375	423	0	0	45,519,589	5,912
1495	42 長崎	諫早市	36,981	15,033,573	407	44,293,314	1,198	899,248,335	24,316
1496	01 北海道	根室市	9,562	3,845,268	402	10,121,563	1,059	107,902,417	11,285
1497	39 高知	仁淀川町	1,823	726,139	398	1,305,150	716	269,256,568	147,700
1498	01 北海道	滝川市	10,511	4,176,860	397	0	0	282,128,964	26,841
1499	14 神奈川	山北町	3,354	1,313,840	392	45,000,000	13,417	0	0
1500	44 大分	別府市	32,618	12,748,303	391	119,123,084	3,652	17,139	1

順位	都道府県名	保険者名	加入者数	収支決算		一般会計法定外繰入		基金残高	
				金額	一人当	総額	一人当	総額	一人当
1389	05 秋田	男鹿市	9,015	17,567,739	1,949	0	0	34,103,376	3,783
1390	20 長野	飯山市	6,135	11,873,561	1,935	0	0	268,890,359	43,829
1391	11 埼玉	富士見市	30,368	58,612,090	1,930	610,000,000	20,087	20,399,115	672
1392	01 北海道	上士幌町	1,851	3,565,642	1,926	2,713,549	1,466	22,055,342	11,915
1393	44 大分	九重町	3,427	6,479,377	1,891	0	0	85,913,534	25,070
1394	26 京都	京都市	356,508	671,298,009	1,883	2,944,647,732	8,260	0	0
1395	20 長野	小諸市	12,673	23,003,155	1,815	0	0	429,861,703	33,919
1396	18 福井	南越前町	2,491	4,476,671	1,797	2,834,743	1,138	233,486,148	93,732
1397	03 岩手	岩泉町	3,215	5,746,015	1,787	0	0	217,739,439	67,726
1398	01 北海道	津別町	1,895	3,258,386	1,719	0	0	87,802,772	46,334
1399	28 兵庫	新温泉町	4,131	7,063,861	1,710	3,978,000	963	209,847,125	50,798
1400	01 北海道	鷹栖町	2,116	3,509,970	1,659	0	0	80,000,000	37,807
1401	13 東京	調布市	57,056	94,091,710	1,649	2,545,463,000	44,613	4,700,000	82
1402	28 兵庫	淡路市	15,142	24,742,451	1,634	26,713,485	1,764	377,817,325	24,952
1403	11 埼玉	本庄市	23,190	37,474,398	1,616	133,120,527	5,740	7,995,719	345
1404	01 北海道	長沼町	3,824	6,048,806	1,582	0	0	20,771,314	5,432
1405	01 北海道	今金町	1,956	3,062,193	1,566	0	0	38,626,544	19,748
1406	17 石川	志賀町	5,819	8,872,070	1,525	0	0	409,190,746	70,320
1407	39 高知	中土佐町	2,359	3,534,108	1,498	0	0	0	0
1408	40 福岡	田川市	12,959	19,352,752	1,493	0	0	421,201,808	32,503
1409	10 群馬	館林市	23,456	33,171,055	1,414	155,893,875	6,646	20,000,185	853
1410	01 北海道	利尻富士町	965	1,330,775	1,379	42,553,178	44,097	26,689,890	27,658
1411	39 高知	東洋町	1,105	1,521,665	1,377	64,500,000	58,371	32,907,000	29,780
1412	13 東京	荒川区	65,160	88,749,709	1,362	2,932,817,000	45,009	0	0
1413	17 石川	中能登町	4,569	5,968,737	1,306	0	0	239,237,473	52,361
1414	02 青森	新郷村	978	1,265,214	1,294	0	0	113,914,345	116,477
1415	47 沖縄	与那原町	5,726	7,090,342	1,238	200,000,000	34,928	168,652	29
1416	20 長野	山ノ内町	4,775	5,796,265	1,214	30,000,000	6,283	72,777,505	15,241
1417	26 京都	与謝野町	6,886	8,355,370	1,213	39,956,591	5,803	126,833,113	18,419
1418	20 長野	木島平村	1,488	1,793,141	1,205	23,000,000	15,457	28,046,795	18,849
1419	06 山形	東根市	11,387	13,636,192	1,198	61,133,000	5,369	0	0
1420	22 静岡	藤枝市	38,091	44,901,480	1,179	868,000	23	251,591,980	6,605
1421	39 高知	四万十市	10,489	12,353,658	1,178	19,259,408	1,836	127,929,590	12,197
1422	31 鳥取	南部町	2,838	3,332,065	1,174	0	0	55,350,950	19,504
1423	12 千葉	銚子市	24,161	28,221,204	1,168	50,000,000	2,069	185,966,789	7,697
1424	24 三重	御浜町	3,136	3,624,133	1,156	0	0	129,407,232	41,265
1425	30 和歌山	田辺市	28,781	33,008,531	1,147	21,944,435	762	1,906,364,790	66,237
1426	39 高知	香美市	8,123	9,204,600	1,133	0	0	432,554,733	53,251
1427	28 兵庫	川西市	41,059	46,336,147	1,129	429,947,625	10,471	0	0
1428	38 愛媛	大洲市	13,475	14,961,773	1,110	26,123,482	1,939	6,724,384	499
1429	06 山形	酒田市	28,013	30,320,615	1,082	44,487,000	1,588	616,501,266	22,008
1430	17 石川	羽咋市	5,946	6,374,702	1,072	0	0	408,139,072	68,641
1431	02 青森	蓬田村	1,044	1,117,958	1,071	27,637,000	26,472	13,500,000	12,931
1432	10 群馬	安中市	17,304	18,510,708	1,070	476,718,715	27,550	1,186	0
1433	37 香川	小豆島町	4,357	4,630,852	1,063	0	0	315,738,754	72,467
1434	34 広島	廿日市市	29,257	30,747,420	1,051	262,529,024	8,973	374,202,348	12,790
1435	26 京都	向日市	13,546	14,185,289	1,047	85,271,727	6,295	51,620,615	3,811
1436	27 大阪	寝屋川市	69,907	70,380,871	1,007	786,831,042	11,255	0	0
1437	01 北海道	清里町	1,800	1,800,951	1,001	11,597,928	6,443	83,260	46
1438	28 兵庫	香美町	5,603	5,578,430	996	2,130,000	380	233,776,599	41,723
1439	37 香川	坂出市	13,179	13,043,559	990	0	0	0	0
1440	44 大分	玖珠町	4,973	4,877,793	981	4,431,890	891	66,281,013	13,328
1441	20 長野	佐久穂町	3,473	3,377,854	973	0	0	0	0
1442	26 京都	久御山町	5,151	4,874,866	946	86,340,000	16,762	50,125,000	9,731
1443	20 長野	小谷村	1,180	1,116,317	946	2,304,485	1,953	82,086,268	69,565
1444	32 島根	海士町	688	650,640	946	486,000	706	58,229,401	84,636

平成25年度（2013年度）全国市町村国保会計一人当収支順位

順位	都道府県名	保険者名	加入者数	収支決算		一般会計法定外繰入		基金残高	
				金額	一人当	総額	一人当	総額	一人当
1333	28 兵庫	神戸市	383,572	1,190,361,487	3,103	3,230,584,250	8,422	201,564,484	525
1334	33 岡山	瀬戸内市	9,967	30,649,601	3,075	0	0	336,436,779	33,755
1335	20 長野	立科町	2,250	6,852,415	3,046	5,286,945	2,350	145,368,320	64,608
1336	35 山口	周南市	37,376	112,208,306	3,002	69,685,000	1,864	925	0
1337	40 福岡	福岡市	360,337	1,063,435,572	2,951	5,144,061,750	14,276	65,000,000	180
1338	23 愛知	一宮市	103,928	305,509,172	2,940	934,642,000	8,993	272,100,584	2,618
1339	20 長野	佐久市	26,199	76,791,136	2,931	57,022,807	2,177	461,900,000	17,630
1340	01 北海道	苫小牧市	41,126	120,113,448	2,921	152,029,184	3,697	465,690,872	11,324
1341	29 奈良	王寺町	5,665	16,462,353	2,906	0	0	156,693,423	27,660
1342	01 北海道	えりも町	2,482	7,192,529	2,898	132,149,994	53,243	5,600,000	2,256
1343	01 北海道	湧別町	3,808	10,643,058	2,795	0	0	77,244,583	20,285
1344	30 和歌山	那智勝浦町	6,409	17,704,320	2,762	100,708,025	15,714	4,965,801	775
1345	31 鳥取	日吉津村	830	2,281,094	2,748	34,125,000	41,114	11,631,000	14,013
1346	03 岩手	田野畑村	1,260	3,462,407	2,748	24,206,905	19,212	20,162,317	16,002
1347	46 鹿児島	龍郷町	1,998	5,348,194	2,677	41,991,000	21,017	34,131,585	17,083
1348	02 青森	佐井村	1,009	2,671,626	2,648	3,187,592	3,159	23,465,179	23,256
1349	29 奈良	天川村	594	1,567,677	2,639	0	0	70,748,860	119,106
1350	14 神奈川	綾瀬市	26,653	70,000,000	2,626	406,486,141	15,251	0	0
1351	12 千葉	印西市	21,267	55,797,264	2,624	0	0	130,001,990	6,113
1352	12 千葉	流山市	42,608	108,993,188	2,558	428,228,318	10,050	60,418,000	1,418
1353	20 長野	筑北村	1,531	3,873,420	2,530	0	0	98,051,932	64,044
1354	20 長野	長和町	2,000	5,021,741	2,511	28,000,000	14,000	27,083,624	13,542
1355	08 茨城	古河市	46,381	114,805,436	2,475	764,368,000	16,480	115,153	2
1356	36 徳島	美波町	2,192	5,344,745	2,438	35,000,000	15,967	2,407,000	1,098
1357	15 新潟	糸魚川市	10,722	25,779,228	2,404	0	0	790,441,704	73,721
1358	12 千葉	船橋市	155,947	373,169,862	2,393	1,371,000,000	8,791	1,340,398,198	8,595
1359	28 兵庫	たつの市	20,448	48,829,876	2,388	49,419,632	2,417	237,899,265	11,634
1360	27 大阪	太子町	3,855	9,165,383	2,378	2,328,165	604	40,553,220	10,520
1361	02 青森	西目屋村	511	1,206,800	2,362	738,000	1,444	13,108,122	25,652
1362	02 青森	平内町	4,729	10,996,859	2,325	90,000,000	19,032	0	0
1363	01 北海道	釧路市	44,467	102,728,476	2,310	54,877,873	1,234	984,857,010	22,148
1364	21 岐阜	中津川市	19,700	45,388,006	2,304	100,000,000	5,076	2,018,656	102
1365	17 石川	白山市	25,217	57,739,167	2,290	0	0	541,593,418	21,477
1366	17 石川	輪島市	9,663	21,996,833	2,276	0	0	168,419,249	17,429
1367	01 北海道	厚真町	1,669	3,772,788	2,261	55,057,500	32,988	43,909,006	26,309
1368	03 岩手	一関市	33,420	74,809,648	2,238	0	0	143,764,191	4,302
1369	28 兵庫	小野市	12,420	27,755,305	2,235	130,000,000	10,467	7,292,529	587
1370	33 岡山	備前市	9,901	22,097,905	2,232	8,547,000	863	449,876,931	45,438
1371	27 大阪	茨木市	67,223	149,888,556	2,230	713,816,126	10,619	0	0
1372	13 東京	多摩市	41,546	91,998,728	2,214	1,207,905,537	29,074	6,611,989	159
1373	40 福岡	大野城市	21,925	47,361,701	2,160	630,000,000	28,734	0	0
1374	18 福井	高浜町	2,864	6,186,281	2,160	16,091,464	5,619	190,070,850	66,366
1375	30 和歌山	御坊市	8,735	18,823,944	2,155	15,141,000	1,733	0	0
1376	19 山梨	山中湖村	2,321	4,815,101	2,075	73,490,731	31,663	32,465,674	13,988
1377	24 三重	鳥羽市	7,824	16,019,887	2,048	30,000,000	3,834	59,722,861	7,633
1378	01 北海道	北竜町	802	1,635,181	2,039	0	0	49,912,316	62,235
1379	14 神奈川	座間市	37,578	76,270,171	2,030	1,065,882,426	28,365	557,406	15
1380	14 神奈川	秦野市	48,097	96,682,584	2,010	933,850,551	19,416	8,139,741	169
1381	20 長野	大鹿村	438	879,641	2,008	0	0	127,893,094	291,993
1382	03 岩手	山田町	6,464	12,883,559	1,993	0	0	133,799,283	20,699
1383	43 熊本	八代市	40,403	80,354,246	1,989	0	0	1,485,888,888	36,777
1384	39 高知	田野町	972	1,926,763	1,982	21,677,096	22,302	1,590,000	1,636
1385	17 石川	七尾市	14,554	28,782,503	1,978	0	0	595,326,536	40,905
1386	21 岐阜	白川町	2,803	5,526,449	1,972	16,500,000	5,887	162,520,000	57,981
1387	23 愛知	小牧市	39,313	77,324,375	1,967	850,000,000	21,621	72	0
1388	13 東京	東大和市	24,826	48,498,786	1,954	551,585,000	22,218	0	0

順位	都道府県名	保険者名	加入者数	収支決算		一般会計法定外繰入		基金残高	
				金額	一人当	総額	一人当	総額	一人当
1277	39 高知	香南市	9,771	40,668,168	4,162	24,413,339	2,499	10,775,046	1,103
1278	26 京都	亀岡市	23,648	98,365,830	4,160	0	0	190,339,536	8,049
1279	38 愛媛	八幡浜市	12,073	49,763,449	4,122	14,928,697	1,237	261,093,274	21,626
1280	13 東京	中野区	93,419	384,141,188	4,112	3,040,363,531	32,545	0	0
1281	02 青森	青森市	76,920	316,065,699	4,109	1,035,038,226	13,456	0	0
1282	28 兵庫	加西市	11,702	47,982,665	4,100	13,350,604	1,141	50,206,430	4,290
1283	03 岩手	盛岡市	64,235	262,654,815	4,089	380,000,000	5,916	0	0
1284	22 静岡	伊豆の国市	16,073	65,225,106	4,058	142,142,000	8,844	1,013,200	63
1285	14 神奈川	愛川町	14,285	57,808,280	4,047	441,720,838	30,922	4,420,926	309
1286	12 千葉	八千代市	49,245	196,633,087	3,993	12,300,000	250	244,120,914	4,957
1287	04 宮城	女川町	2,665	10,490,912	3,937	46,000	17	46,125,764	17,308
1288	38 愛媛	宇和島市	28,872	113,387,407	3,927	0	0	286,000,000	9,906
1289	36 徳島	海陽町	3,175	12,468,557	3,927	71	0	61,736,814	19,445
1290	26 京都	南丹市	8,732	34,209,875	3,918	0	0	404,736,763	46,351
1291	37 香川	観音寺市	16,261	63,587,245	3,910	14,703,420	904	7,113,280	437
1292	08 茨城	龍ヶ崎市	22,143	86,047,134	3,886	196,731,194	8,885	21,396,586	966
1293	01 北海道	七飯町	7,950	30,843,855	3,880	0	0	0	0
1294	13 東京	三鷹市	46,466	180,232,194	3,879	1,870,000,000	40,244	0	0
1295	25 滋賀	長浜市	30,073	116,281,346	3,867	165,862,063	5,515	352,408,177	11,718
1296	13 東京	稲城市	20,661	79,518,374	3,849	603,098,000	29,190	15,000	1
1297	07 福島	只見町	1,243	4,778,535	3,844	1,394,043	1,122	110,191,931	88,650
1298	31 鳥取	倉吉市	13,181	49,906,277	3,786	9,704,160	736	581,000,000	44,079
1299	02 青森	藤崎町	5,079	19,124,836	3,765	8,787,000	1,730	115,230,000	22,688
1300	38 愛媛	新居浜市	28,943	108,762,899	3,758	244,463,075	8,446	678,846,423	23,455
1301	01 北海道	札幌市	453,136	1,680,000,000	3,707	4,435,903,513	9,789	2,615,359,866	5,772
1302	14 神奈川	川崎市	335,640	1,239,825,728	3,694	7,907,450,911	23,559	0	0
1303	01 北海道	洞爺湖町	2,890	10,532,718	3,645	71,603,633	24,776	103,123	36
1304	02 青森	東北町	6,525	23,582,553	3,614	0	0	85,444,136	13,095
1305	26 京都	木津川市	16,480	58,951,245	3,577	21,604,486	1,311	53,019,468	3,217
1306	13 東京	青梅市	39,564	141,515,449	3,577	863,537,000	21,826	2,000,000	51
1307	29 奈良	葛城市	10,560	37,766,206	3,576	160,000,000	15,152	522,335	49
1308	31 鳥取	境港市	8,258	29,397,439	3,560	75,000,000	9,082	69,106,912	8,368
1309	25 滋賀	多賀町	1,941	6,887,007	3,548	1,597,000	823	58,377,447	30,076
1310	39 高知	奈半利町	1,142	4,027,595	3,527	43,992,442	38,522	3,734,546	3,270
1311	13 東京	葛飾区	133,160	466,985,060	3,507	4,077,824,096	30,623	0	0
1312	13 東京	国立市	19,653	68,868,222	3,504	658,067,093	33,484	60,613	3
1313	47 沖縄	読谷村	15,137	52,787,541	3,487	300,000,000	19,819	97,175,000	6,420
1314	46 鹿児島	十島村	282	983,322	3,487	900,636	3,194	7,000,000	24,823
1315	42 長崎	長崎市	116,143	404,759,200	3,485	987,219,692	8,500	658,233,000	5,667
1316	05 秋田	秋田市	70,005	242,538,903	3,465	0	0	1,302,051,000	18,599
1317	14 神奈川	中井町	3,145	10,879,050	3,459	30,000,000	9,539	53,831,769	17,117
1318	01 北海道	枝幸町	3,346	11,454,189	3,423	65,081,000	19,450	90,000,000	26,898
1319	02 青森	中泊町	5,680	19,320,344	3,401	0	0	61,504	11
1320	30 和歌山	日高川町	3,366	11,429,831	3,396	61,037,572	18,134	115,327,153	34,262
1321	46 鹿児島	天城町	2,696	9,152,583	3,395	73,447,037	27,243	61,539,000	22,826
1322	09 栃木	栃木市	42,704	144,118,796	3,375	2,343,000	55	334,477,250	7,832
1323	26 京都	綾部市	9,519	31,408,247	3,300	0	0	413,986,433	43,491
1324	36 徳島	小松島市	9,780	31,912,045	3,263	0	0	446,651,503	45,670
1325	33 岡山	総社市	15,649	51,010,888	3,260	0	0	383,767,645	24,523
1326	46 鹿児島	瀬戸内町	3,189	10,338,265	3,242	255,000,000	79,962	221,884	70
1327	07 福島	檜枝岐村	209	675,931	3,234	251,517	1,203	55,835,709	267,157
1328	13 東京	練馬区	186,525	600,001,000	3,217	4,539,268,852	24,336	0	0
1329	18 福井	敦賀市	16,153	51,272,365	3,174	357,388,000	22,125	10,748,217	665
1330	17 石川	小松市	25,404	80,075,606	3,152	0	0	609,411,350	23,989
1331	01 北海道	池田町	2,685	8,394,442	3,126	47,244,614	17,596	680	0
1332	19 山梨	忍野村	2,152	6,687,798	3,108	17,048,956	7,922	29,650,690	13,778

平成25年度（2013年度）全国市町村国保会計一人当収支順位

順位	都道府県名	保険者名	加入者数	収支決算		一般会計法定外繰入		基金残高	
				金額	一人当	総額	一人当	総額	一人当
1221	39 高知	四万十町	6,145	33,673,048	5,480	70,000,000	11,391	282,429,862	45,961
1222	24 三重	津市	66,430	363,447,161	5,471	0	0	0	0
1223	38 愛媛	愛南町	8,766	47,763,241	5,449	210,000,000	23,956	53,089,118	6,056
1224	45 宮崎	高原町	3,305	17,968,151	5,437	10,821,464	3,274	62,247,000	18,834
1225	46 鹿児島	西之表市	5,807	31,533,069	5,430	80,000,000	13,776	57,742,000	9,944
1226	20 長野	北相木村	240	1,297,739	5,407	0	0	31,317,000	130,488
1227	13 東京	小平市	47,182	254,334,108	5,390	1,840,203,197	39,002	283,693,000	6,013
1228	27 大阪	交野市	19,159	102,849,268	5,368	23,653,766	1,235	170,550	9
1229	32 島根	浜田市	12,856	68,995,677	5,367	11,570,356	900	632,176,907	49,174
1230	32 島根	津和野町	2,139	11,453,047	5,354	1,082,486	506	13,950,289	6,522
1231	29 奈良	曽爾村	517	2,736,623	5,293	0	0	40,284,327	77,919
1232	10 群馬	邑楽町	8,547	45,126,095	5,280	30,759,786	3,599	52,006,089	6,085
1233	03 岩手	北上市	20,568	107,701,064	5,236	0	0	1,028,574,995	50,009
1234	39 高知	津野町	1,823	9,494,872	5,208	0	0	49,892,000	27,368
1235	16 富山	砺波市	10,076	52,366,524	5,197	28,829,000	2,861	122,723,737	12,180
1236	13 東京	立川市	49,244	254,984,948	5,178	1,997,708,360	40,568	16,000,000	325
1237	28 兵庫	篠山市	10,751	55,025,962	5,118	25,947,486	2,413	438,035,704	40,744
1238	42 長崎	佐々町	3,473	17,734,427	5,106	0	0	126,948,338	36,553
1239	40 福岡	小竹町	2,226	11,305,418	5,079	20,000,000	8,985	18,009,000	8,090
1240	32 島根	隠岐の島町	4,246	21,514,052	5,067	1,975,000	465	234,188,000	55,155
1241	46 鹿児島	南種子町	2,079	10,478,866	5,040	30,000,000	14,430	84,138,557	40,471
1242	06 山形	天童市	15,769	79,456,117	5,039	28,000,000	1,776	0	0
1243	27 大阪	守口市	43,344	218,141,125	5,033	713,220,000	16,455	0	0
1244	34 広島	竹原市	7,647	38,394,690	5,021	0	0	333,400,604	43,599
1245	44 大分	竹田市	7,377	36,803,612	4,989	6,990,175	948	10,102,027	1,369
1246	37 香川	まんのう町	4,753	23,671,747	4,980	5,874,547	1,236	79,933,087	16,817
1247	39 高知	安田町	1,055	5,217,238	4,945	40,147,664	38,055	6,163,741	5,842
1248	11 埼玉	さいたま市	299,820	1,475,718,017	4,922	1,199,846,000	4,002	8,325,955,565	27,770
1249	20 長野	小海町	1,567	7,681,324	4,902	1,210,000	772	14,933,000	9,530
1250	32 島根	松江市	42,428	205,505,780	4,844	67,374,841	1,588	580,330,447	13,678
1251	43 熊本	宇城市	18,948	91,736,791	4,842	143,406,000	7,568	200,001,659	10,555
1252	01 北海道	北広島市	15,017	72,320,126	4,816	221,816,314	14,771	25,668,865	1,709
1253	17 石川	野々市市	10,594	50,403,142	4,758	176,350,000	16,646	0	0
1254	23 愛知	尾張旭市	19,848	93,731,417	4,722	106,221,620	5,352	211,199,225	10,641
1255	31 鳥取	三朝町	1,694	7,971,808	4,706	585,000	345	165,638,917	97,780
1256	08 茨城	つくば市	52,277	244,566,512	4,678	665,131,000	12,723	18,498,091	354
1257	13 東京	新宿区	105,204	490,223,393	4,660	3,561,803,000	33,856	5,000,000	48
1258	22 静岡	浜松市	206,142	949,227,594	4,605	1,261,696,000	6,121	3,990,731,314	19,359
1259	石川県全体		859,809	4,122,763,351	4,795	8,231,647,161	9,574	14,285,883,099	16,615
1260	40 福岡	北九州市	249,330	1,130,345,351	4,534	5,062,536,314	20,305	0	0
1261	46 鹿児島	伊仙町	2,795	12,615,968	4,514	64,887,000	23,215	10,000,000	3,578
1262	20 長野	駒ヶ根市	7,901	35,615,391	4,508	0	0	78,903,884	9,987
1263	01 北海道	日高町	4,444	19,966,395	4,493	119,468,419	26,883	0	0
1264	01 北海道	清水町	3,390	15,208,977	4,486	36,200,000	10,678	53,301,642	15,723
1265	32 島根	安来市	9,631	43,120,519	4,477	4,535,698	471	381,041,075	39,564
1266	20 長野	川上村	2,499	11,144,618	4,460	0	0	143,074,595	57,253
1267	43 熊本	荒尾市	15,171	66,893,140	4,409	3,583,094	236	30,000,000	1,977
1268	01 北海道	弟子屈町	2,685	11,657,333	4,342	0	0	648,988	242
1269	40 福岡	香春町	3,313	14,287,571	4,313	201,152,000	60,716	0	0
1270	38 愛媛	上島町	2,325	9,955,374	4,282	0	0	24,562,772	10,565
1271	23 愛知	名古屋市	571,218	2,435,036,482	4,263	7,183,500,199	12,576	0	0
1272	01 北海道	月形町	1,120	4,763,232	4,253	912,768	815	34,110,086	30,455
1273	06 山形	庄内町	6,008	25,249,287	4,203	22,705,778	3,779	33,793,136	5,625
1274	19 山梨	上野原市	7,366	30,896,539	4,194	123,611,700	16,781	3,118,000	423
1275	01 北海道	新篠津村	1,435	6,003,924	4,184	32,451,707	22,614	0	0
1276	07 福島	会津坂下町	4,899	20,448,443	4,174	18,413,845	3,759	103,153,000	21,056

順位	都道府県名	保険者名	加入者数	収支決算		一般会計法定外繰入		基金残高	
				金額	一人当	総額	一人当	総額	一人当
1166	08 茨城	城里町	6,614	46,039,276	6,961	56,170,000	8,493	58,808,664	8,892
1167	28 兵庫	加古川市	67,820	469,517,747	6,923	330,887,600	4,879	690,492,405	10,181
1168	11 埼玉	秩父市	19,751	135,881,909	6,880	520,000,000	26,328	10,655,522	539
1169	01 北海道	南富良野町	744	5,089,000	6,840	12,729,156	17,109	15,400,967	20,700
1170	13 東京	日の出町	5,286	36,152,514	6,839	186,559,000	35,293	47,694,593	9,023
1171	30 和歌山	有田川町	9,374	64,001,696	6,828	6,710,000	716	478,156,572	51,009
1172	34 広島	海田町	6,583	44,933,402	6,826	27,602,587	4,193	1,000,000	152
1173	38 愛媛	西条市	29,514	201,323,208	6,821	154,943,704	5,250	1,416,010	48
1174	39 高知	高知市	80,241	539,829,274	6,728	157,749,000	1,966	347,726,311	4,334
1175	01 北海道	余市町	5,749	38,471,268	6,692	39,846,295	6,931	0	0
1176	31 鳥取	湯梨浜町	4,419	29,406,235	6,654	0	0	51,000,000	11,541
1177	02 青森	南部町	6,531	43,228,001	6,619	423,910,000	64,907	351,146,397	53,766
1178	26 京都	舞鶴市	22,168	146,257,162	6,598	0	0	613,693,767	27,684
1179	09 栃木	益子町	8,211	53,670,583	6,536	86,051,000	10,480	37,008,215	4,507
1180	46 鹿児島	中種子町	2,978	19,319,493	6,487	0	0	34,266,643	11,507
1181	19 山梨	富士川町	4,369	28,278,184	6,472	26,089,051	5,971	57,181,000	13,088
1182	02 青森	おいらせ町	7,364	46,986,228	6,381	701,000	95	94,490,710	12,831
1183	37 香川	丸亀市	27,024	172,356,263	6,378	456,377,560	16,888	958,000	35
1184	39 高知	芸西村	1,633	10,382,745	6,358	50,000,000	30,618	44,273,313	27,112
1185	17 石川	金沢市	106,871	678,650,259	6,350	1,048,520,005	9,811	0	0
1186	01 北海道	岩内町	3,590	22,744,029	6,335	8,779,324	2,445	0	0
1187	42 長崎	新上五島町	7,182	45,434,683	6,326	3,182,360	443	270,418	38
1188	28 兵庫	伊丹市	50,157	316,301,044	6,306	0	0	0	0
1189	35 山口	岩国市	37,851	238,045,359	6,289	198,028,629	5,232	769,819,629	20,338
1190	13 東京	目黒区	71,882	450,000,000	6,260	1,289,888,683	17,945	0	0
1191	20 長野	上松町	1,137	7,080,218	6,227	0	0	116,102,832	102,113
1192	13 東京	武蔵野市	34,969	217,138,697	6,209	1,209,480,317	34,587	0	0
1193	13 東京	八王子市	159,677	989,703,749	6,198	6,677,050,246	41,816	0	0
1194	31 鳥取	大山町	5,205	32,135,065	6,174	0	0	127,010,316	24,402
1195	10 群馬	下仁田町	2,739	16,866,517	6,158	3,307,286	1,207	156,417,619	57,108
1196	26 京都	精華町	7,606	46,744,125	6,146	7,168,068	942	22,642,683	2,977
1197	43 熊本	小国町	2,884	17,604,994	6,104	12,000,000	4,161	65,876,584	22,842
1198	17 石川	能登町	5,666	34,531,304	6,094	0	0	309,849,621	54,686
1199	20 長野	須坂市	13,596	82,160,272	6,043	3,784,000	278	238,240,000	17,523
1200	42 長崎	島原市	16,015	96,016,198	5,995	3,141,059	196	364,832,194	22,781
1201	15 新潟	阿賀町	3,300	19,766,392	5,990	14,000,000	4,242	13,130,768	3,979
1202	12 千葉	習志野市	38,694	230,655,035	5,961	120,000,000	3,101	1,143,353	30
1203	25 滋賀	東近江市	26,804	159,118,264	5,936	83,000,000	3,097	609,487,272	22,739
1204	42 長崎	平戸市	11,520	68,063,040	5,908	0	0	689,235,754	59,829
1205	01 北海道	厚岸町	3,753	22,140,324	5,899	0	0	0	0
1206	25 滋賀	豊郷町	2,162	12,641,998	5,847	6,087,290	2,816	33,950,000	15,703
1207	15 新潟	長岡市	63,743	371,757,020	5,832	434,656,000	6,819	257,468	4
1208	10 群馬	草津町	2,582	15,056,967	5,832	33,270,952	12,886	16,707,884	6,471
1209	13 東京	世田谷区	226,395	1,319,443,600	5,828	5,345,210,407	23,610	0	0
1210	13 東京	日野市	45,237	262,402,553	5,801	1,487,110,677	32,874	0	0
1211	29 奈良	橿原市	34,172	198,143,123	5,798	36,658,056	1,073	0	0
1212	12 千葉	佐倉市	50,404	290,761,364	5,769	0	0	122,165,000	2,424
1213	46 鹿児島	南九州市	12,414	70,083,538	5,646	170,000,000	13,694	31,171,437	2,511
1214	40 福岡	筑紫野市	22,692	128,010,145	5,641	321,032,659	14,147	86,804	4
1215	47 沖縄	粟国村	247	1,387,766	5,618	10,911,000	44,174	0	0
1216	19 山梨	南アルプス市	19,306	107,267,010	5,556	99,090,000	5,133	310,680,668	16,092
1217	18 福井	小浜市	7,599	42,097,390	5,540	0	0	334,446,668	44,012
1218	45 宮崎	延岡市	36,829	203,877,744	5,536	0	0	625,041,000	16,971
1219	42 長崎	大村市	21,251	117,536,838	5,531	0	0	0	0
1220	32 島根	邑南町	2,978	16,331,325	5,484	12,674,582	4,256	55,442,576	18,617

平成25年度(2013年度)全国市町村国保会計一人当収支順位

順位	都道府県名	保険者名	加入者数	収支決算		一般会計法定外繰入		基金残高	
				金額	一人当	総額	一人当	総額	一人当
1111	30 和歌山	みなべ町	5,991	48,422,801	8,083	8,180,000	1,365	150,623,107	25,142
1112	05 秋田	大仙市	23,605	190,656,738	8,077	150,000,000	6,355	534,203,982	22,631
1113	14 神奈川	小田原市	55,054	443,315,813	8,052	810,472,008	14,721	150,016,320	2,725
1114	23 愛知	蒲郡市	22,169	178,469,694	8,050	65,826,439	2,969	357,697,095	16,135
1115	22 静岡	富士市	69,631	559,862,238	8,040	1,146,937,532	16,472	87,654,460	1,259
1116	21 岐阜	安八町	4,057	32,562,389	8,026	11,379,000	2,805	210,822,000	51,965
1117	40 福岡	福津市	15,390	123,040,249	7,995	0	0	22,115,506	1,437
1118	38 愛媛	伊方町	3,716	29,609,834	7,968	4,203,016	1,131	195,287,423	52,553
1119	02 青森	六戸町	3,691	29,408,757	7,968	30,000,000	8,128	9,247,646	2,505
1120	43 熊本	御船町	5,410	42,975,422	7,944	64,472,000	11,917	42,097,000	7,781
1121	27 大阪	貝塚市	23,184	183,933,957	7,934	9,042,673	390	529,018,445	22,818
1122	13 東京	瑞穂町	11,553	91,504,872	7,920	480,000,000	41,548	1,812,982	157
1123	05 秋田	小坂町	1,540	12,128,312	7,876	0	0	117,777,852	76,479
1124	10 群馬	みどり市	15,545	122,243,277	7,864	19,111,843	1,229	166,374,783	10,703
1125	08 茨城	大子町	6,709	52,517,987	7,828	27,855,000	4,152	118,110,471	17,605
1126	40 福岡	遠賀町	5,453	42,145,742	7,729	85,000,000	15,588	3,022,083	554
1127	40 福岡	古賀市	13,941	107,746,158	7,729	40,000,000	2,869	2,552,944	183
1128	13 東京	北区	98,107	751,816,296	7,663	2,768,167,000	28,216	0	0
1129	20 長野	喬木村	1,635	12,525,148	7,661	11,123,566	6,803	1,359	1
1130	13 東京	渋谷区	65,576	500,000,000	7,625	1,410,945,380	21,516	0	0
1131	29 奈良	川西町	2,502	19,067,609	7,621	0	0	84,642,031	33,830
1132	46 鹿児島	いちき串木野市	7,662	58,384,997	7,620	0	0	735,956,410	96,053
1133	09 栃木	岩舟町	5,416	41,246,787	7,616	108,434,000	20,021	43,868,816	8,100
1134	01 北海道	幕別町	8,346	63,503,717	7,609	161,800,000	19,387	0	0
1135	20 長野	南牧村	1,610	12,211,179	7,585	23,564,000	14,636	91,316,196	56,718
1136	36 徳島	藍住町	7,668	58,051,836	7,571	13,151,267	1,715	138,289,626	18,035
1137	42 長崎	時津町	7,672	57,814,747	7,536	0	0	6,000,000	782
1138	16 富山	魚津市	9,675	72,891,138	7,534	8,069,000	834	0	0
1139	42 長崎	川棚町	3,920	29,311,283	7,477	0	0	121,079,409	30,888
1140	11 埼玉	宮代町	10,274	76,762,345	7,472	191,517,000	18,641	4,010,436	390
1141	44 大分	大分市	104,670	781,665,166	7,468	207,830,343	1,986	0	0
1142	25 滋賀	日野町	5,248	39,057,405	7,442	5,588,000	1,065	30,114,000	5,738
1143	14 神奈川	厚木市	66,262	489,446,308	7,387	1,407,124,000	21,236	240,704,959	3,633
1144	28 兵庫	西脇市	11,434	83,744,674	7,324	46,429,961	4,061	248,820,159	21,761
1145	32 島根	大田市	8,831	64,320,694	7,284	24,069,576	2,726	213,488,249	24,175
1146	13 東京	墨田区	74,061	536,570,260	7,245	2,647,329,431	35,745	0	0
1147	45 宮崎	椎葉村	1,079	7,809,130	7,237	0	0	129,457,850	119,979
1148	28 兵庫	芦屋市	22,760	164,616,485	7,233	153,741,982	6,755	26,025,629	1,143
1149	20 長野	松本市	61,258	442,752,743	7,228	7,662,938	125	964,201,655	15,740
1150	23 愛知	岡崎市	88,151	635,801,116	7,213	1,083,852,000	12,295	1,559,840,146	17,695
1151	01 北海道	大空町	3,119	22,461,729	7,202	1,527,000	490	70,021,488	22,450
1152	15 新潟	五泉市	13,993	100,007,183	7,147	0	0	5,522,387	395
1153	20 長野	下諏訪町	5,524	39,461,338	7,144	0	0	61,280,772	11,094
1154	41 佐賀	江北町	2,279	16,276,454	7,142	906,476	398	6,992,607	3,068
1155	13 東京	中央区	31,363	223,614,417	7,130	679,744,920	21,673	0	0
1156	10 群馬	太田市	61,789	439,610,076	7,115	65,801,054	1,065	836,019,544	13,530
1157	13 東京	東久留米市	33,353	236,602,048	7,094	500,000,000	14,991	395,442,340	11,856
1158	20 長野	泰阜村	377	2,670,363	7,083	0	0	82,216,649	218,081
1159	10 群馬	大泉町	11,862	83,973,594	7,079	9,350,891	788	465,518,000	39,244
1160	46 鹿児島	阿久根市	6,572	46,482,291	7,073	119,201,155	18,138	98,915	15
1161	06 山形	鶴岡市	34,174	239,807,271	7,017	52,014,000	1,522	525,928,560	15,390
1162	28 兵庫	多可町	5,812	40,712,040	7,005	55,003,690	9,464	113,400,698	19,511
1163	01 北海道	標津町	2,476	17,313,112	6,992	20,055,422	8,100	0	0
1164	11 埼玉	入間市	44,941	314,120,146	6,990	1,394,360,213	31,026	23,559,435	524
1165	13 東京	町田市	116,006	807,661,490	6,962	4,477,153,866	38,594	0	0

順位	都道府県名	保険者名	加入者数	収支決算		一般会計法定外繰入		基金残高	
				金額	一人当	総額	一人当	総額	一人当
1055	22 静岡	焼津市	37,692	340,683,006	9,039	0	0	135,530,358	3,596
1056	04 宮城	塩竈市	14,971	135,140,359	9,027	1,047,000	70	735,417,602	49,123
1057	14 神奈川	海老名市	35,650	321,485,493	9,018	620,928,000	17,417	282,670,631	7,929
1058	39 高知	宿毛市	7,310	65,915,367	9,017	0	0	0	0
1059	21 岐阜	揖斐川町	6,542	58,841,826	8,994	95,511,000	14,600	34,135,878	5,218
1060	19 山梨	笛吹市	22,303	198,841,761	8,915	116,600,099	5,228	188,932,888	8,471
1061	27 大阪	豊能町	6,507	57,842,785	8,889	11,401,080	1,752	40,000,000	6,147
1062	19 山梨	大月市	7,465	66,035,595	8,846	41,156,152	5,513	85,765,536	11,489
1063	22 静岡	富士宮市	37,446	330,638,689	8,830	500,000,000	13,353	47,979,112	1,281
1064	17 石川	津幡町	7,491	66,034,582	8,815	0	0	30,652,234	4,092
1065	14 神奈川	相模原市	206,663	1,820,959,217	8,811	4,994,112,087	24,165	0	0
1066	16 富山	射水市	20,716	182,386,880	8,804	9,636,000	465	985,295,823	47,562
1067	21 岐阜	多治見市	29,298	257,801,591	8,799	18,587,000	634	885,223,536	30,214
1068	40 福岡	宗像市	23,153	202,596,847	8,750	87,618,383	3,784	0	0
1069	40 福岡	糸島市	30,132	263,137,952	8,733	207,100,345	6,873	326,563,000	10,838
1070	44 大分	日田市	19,601	170,533,158	8,700	126,036,708	6,430	212,083,115	10,820
1071	23 愛知	津島市	17,749	153,705,797	8,660	23,770,000	1,339	0	0
1072	44 大分	臼杵市	11,117	95,997,824	8,635	4,121,219	371	446,546,939	40,168
1073	33 岡山	津山市	22,978	198,357,152	8,632	0	0	21,648,027	942
1074	32 島根	吉賀町	1,759	15,181,466	8,631	781,311	444	48,033,019	27,307
1075	47 沖縄	久米島町	3,209	27,658,554	8,619	36,021,193	11,225	26,948,893	8,398
1076	27 大阪	堺市	232,356	1,986,041,545	8,547	38,671,601	166	0	0
1077	08 茨城	日立市	42,003	358,891,731	8,544	54,548,954	1,299	2,547,676	61
1078	08 茨城	鉾田市	23,514	200,813,701	8,540	99,085,352	4,214	74,378,568	3,163
1079	15 新潟	見附市	9,549	81,361,065	8,520	0	0	621,391	65
1080	02 青森	深浦町	3,814	32,493,973	8,520	0	0	10,000,000	2,622
1081	20 長野	中野市	13,588	115,701,070	8,515	150,000,000	11,039	144,443,958	10,630
1082	01 北海道	帯広市	43,454	369,965,089	8,514	398,639,643	9,174	152,734,796	3,515
1083	11 埼玉	日高市	17,671	150,446,689	8,514	370,000,000	20,938	12,996	1
1084	15 新潟	魚沼市	10,497	89,316,369	8,509	0	0	40,634,000	3,871
1085	01 北海道	網走市	10,644	90,564,263	8,508	34,234,357	3,216	0	0
1086	15 新潟	新潟市	191,784	1,629,419,515	8,496	1,547,277,883	8,068	49,682,234	259
1087	13 東京	足立区	214,689	1,822,402,828	8,489	7,800,000,000	36,332	130,000,000	606
1088	28 兵庫	尼崎市	126,673	1,073,077,176	8,471	861,337,000	6,800	0	0
1089	20 長野	豊丘村	1,683	14,254,830	8,470	0	0	52,653,939	31,286
1090	42 長崎	波佐見町	3,910	33,090,547	8,463	87,264	22	292,191,867	74,729
1091	40 福岡	水巻町	8,273	69,984,477	8,459	80,000,000	9,670	108,219,032	13,081
1092	30 和歌山	印南町	3,615	30,539,630	8,448	80,000,000	22,130	0	0
1093	30 和歌山	紀の川市	20,061	169,010,233	8,425	30,531,651	1,522	294,537,000	14,682
1094	01 北海道	登別市	12,479	105,079,142	8,420	0	0	350,367,162	28,077
1095	18 福井	鯖江市	16,142	135,865,119	8,417	4,866,000	301	28,130,000	1,743
1096	47 沖縄	中城村	5,715	47,857,047	8,374	94,820,000	16,591	4,285	1
1097	10 群馬	玉村町	9,911	82,961,516	8,371	10,234,038	1,033	910,819	92
1098	46 鹿児島	南大隅町	2,763	23,124,669	8,369	0	0	197,842,000	71,604
1099	33 岡山	高梁市	7,769	64,902,020	8,354	0	0	229,304,536	29,515
1100	15 新潟	佐渡市	16,998	140,687,506	8,277	185,000,000	10,884	3,800,715	224
1101	46 鹿児島	三島村	105	867,502	8,262	0	0	58,770,245	559,717
1102	33 岡山	倉敷市	116,425	959,331,109	8,240	584,722,610	5,022	823,988,356	7,077
1103	21 岐阜	関市	25,356	208,640,647	8,228	350,000,000	13,803	0	0
1104	20 長野	坂城町	3,966	32,588,891	8,217	0	0	166,193,839	41,905
1105	15 新潟	燕市	19,663	160,908,633	8,183	20,000,000	1,017	22,850,768	1,162
1106	32 島根	雲南市	9,198	75,230,923	8,179	7,933,790	863	200,950,583	21,847
1107	28 兵庫	高砂市	24,195	197,606,355	8,167	199,639,925	8,251	0	0
1108	46 鹿児島	大崎町	4,497	36,727,328	8,167	50,131,000	11,148	63,952,613	14,221
1109	26 京都	福知山市	17,980	146,586,896	8,153	92,477,917	5,143	20,219,398	1,125
1110	19 山梨	甲州市	10,877	88,606,538	8,146	55,029,549	5,059	190,069,804	17,474

平成25年度（2013年度）全国市町村国保会計一人当収支順位

順位	都道府県名	保険者名	加入者数	収支決算		一般会計法定外繰入		基金残高	
				金額	一人当	総額	一人当	総額	一人当
999	01 北海道	浜中町	3,117	31,116,221	9,983	0	0	384,000	123
1000	28 兵庫	養父市	6,658	66,320,823	9,961	13,558,749	2,036	200,760,584	30,153
1001	28 兵庫	南あわじ市	16,023	159,574,342	9,959	8,238,000	514	115,815,000	7,228
1002	37 香川	東かがわ市	9,183	91,255,201	9,937	0	0	573,378,783	62,439
1003	02 青森	八戸市	64,669	642,409,704	9,934	206,945,434	3,200	901,327,736	13,938
1004	20 長野	池田町	2,781	27,558,759	9,910	0	0	68,334,000	24,572
1005	29 奈良	御杖村	616	6,084,536	9,877	0	0	121,804,902	197,735
1006	21 岐阜	岐阜市	116,226	1,147,142,496	9,870	1,539,360,158	13,245	3,350,940,109	28,831
1007	43 熊本	山鹿市	17,065	168,384,236	9,867	270,000,000	15,822	39,317,000	2,304
1008	44 大分	宇佐市	15,098	148,975,160	9,867	140,051,165	9,276	50,808,444	3,365
1009	28 兵庫	福崎町	4,653	45,711,736	9,824	22,936,694	4,929	114,847,265	24,682
1010	29 奈良	大和郡山市	24,110	236,422,689	9,806	0	0	400,025,668	16,592
1011	12 千葉	大網白里市	16,377	160,205,819	9,782	0	0	112,386,191	6,862
1012	23 愛知	豊田市	94,624	924,405,152	9,769	0	0	2,897,115,498	30,617
1013	20 長野	南箕輪村	3,477	33,938,329	9,761	0	0	83,634,623	24,054
1014	23 愛知	知立市	14,542	141,454,417	9,727	78,093,517	5,370	533,009,873	36,653
1015	26 京都	京丹後市	18,010	175,122,710	9,724	66,417,000	3,688	380,941,806	21,152
1016	08 茨城	小美玉市	17,031	165,550,647	9,721	169,942,000	9,978	0	0
1017	13 東京	西東京市	51,771	498,689,337	9,633	1,900,000,000	36,700	161,202	3
1018	36 徳島	美馬市	7,123	68,418,802	9,605	7,110,000	998	366,636,978	51,472
1019	02 青森	五戸町	5,804	55,706,666	9,598	80,000,000	13,784	103,793,760	17,883
1020	21 岐阜	八百津町	3,392	32,515,400	9,586	19,987,000	5,892	79,744,120	23,509
1021	28 兵庫	洲本市	13,349	127,756,870	9,571	22,938,199	1,718	318,768	24
1022	25 滋賀	湖南市	12,467	118,943,164	9,541	90,642,540	7,271	54,009,505	4,332
1023	30 和歌山	古座川町	1,088	10,369,020	9,530	14,481,337	13,310	50,000,000	45,956
1024	14 神奈川	逗子市	16,690	158,943,316	9,523	627,949,000	37,624	31,650,262	1,896
1025	46 鹿児島	鹿屋市	28,706	273,139,097	9,515	363,117,000	12,650	10,984,782	383
1026	11 埼玉	朝霞市	32,803	311,855,961	9,507	1,000,000,000	30,485	70,005,179	2,134
1027	40 福岡	飯塚市	32,424	308,243,590	9,507	105,086,000	3,241	62,497	2
1028	14 神奈川	真鶴町	2,943	27,953,248	9,498	0	0	3,354,879	1,140
1029	30 和歌山	和歌山市	100,578	950,212,592	9,448	198,594,740	1,975	0	0
1030	24 三重	桑名市	31,907	300,971,122	9,433	0	0	974,051,878	30,528
1031	02 青森	鰺ヶ沢町	4,596	43,221,832	9,404	0	0	63,662,578	13,852
1032	17 石川	能美市	11,002	103,345,733	9,393	5,428,900	493	357,599,000	32,503
1033	28 兵庫	宍粟市	11,098	103,992,336	9,370	24,604,334	2,217	18,709,772	1,686
1034	01 北海道	中富良野町	2,025	18,974,029	9,370	22,377,250	11,050	56,462,056	27,882
1035	19 山梨	都留市	8,871	83,000,228	9,356	21,603,922	2,435	1,000	0
1036	23 愛知	北名古屋市	23,287	216,667,630	9,304	691,315,276	29,687	153,000	7
1037	34 広島	三次市	12,354	114,890,777	9,300	66,080,155	5,349	671,274,650	54,337
1038	38 愛媛	松野町	1,323	12,280,226	9,282	1,090,220	824	24,589,957	18,587
1039	30 和歌山	広川町	2,842	26,347,098	9,271	3,552,408	1,250	110,000,000	38,705
1040	43 熊本	菊池市	15,600	144,297,518	9,250	0	0	43,288,522	2,775
1041	29 奈良	五條市	10,904	100,773,793	9,242	0	0	165,700,000	15,196
1042	06 山形	山形市	55,266	508,700,838	9,205	0	0	1,575,420,000	28,506
1043	11 埼玉	蕨市	21,328	195,304,061	9,157	767,471,175	35,984	0	0
1044	39 高知	南国市	12,550	114,800,150	9,147	14,039,000	1,119	63,000,000	5,020
1045	34 広島	坂町	3,234	29,547,447	9,137	0	0	0	0
1046	11 埼玉	越谷市	93,983	858,424,767	9,134	600,000,000	6,384	0	0
1047	16 富山	高岡市	41,583	379,528,917	9,127	112,322,000	2,701	0	0
1048	20 長野	辰野町	5,390	49,058,786	9,102	0	0	46,274,992	8,585
1049	13 東京	福生市	19,295	175,585,340	9,100	650,000,000	33,687	0	0
1050	02 青森	東通村	2,508	22,798,129	9,090	40,000,000	15,949	11,987,700	4,780
1051	33 岡山	井原市	10,159	92,328,286	9,088	0	0	0	0
1052	11 埼玉	三郷市	45,235	410,353,093	9,072	797,358,560	17,627	1,920,002	42
1053	22 静岡	東伊豆町	5,389	48,752,477	9,047	18,700,000	3,470	10,903,597	2,023
1054	31 鳥取	琴浦町	5,286	47,784,333	9,040	50,303,000	9,516	1,497,213	283

順位	都道府県名	保険者名	加入者数	収支決算		一般会計法定外繰入		基金残高	
				金額	一人当	総額	一人当	総額	一人当
944	07 福島	湯川村	796	8,968,700	11,267	3,860,000	4,849	24,831,625	31,196
945	33 岡山	笠岡市	13,112	147,595,494	11,257	0	0	721,554,770	55,030
946	06 山形	中山町	2,767	30,973,099	11,194	5,409,831	1,955	76,611,605	27,688
947	01 北海道	厚沢部町	1,364	15,260,913	11,188	0	0	72,673,749	53,280
948	16 富山	小矢部市	6,975	77,803,727	11,155	6,571,000	942	115,437,195	16,550
949	27 大阪	岬町	5,169	57,613,645	11,146	1,413,725	274	175,964,899	34,042
950	09 栃木	高根沢町	7,371	82,054,497	11,132	0	0	107,730,974	14,616
951	26 京都	城陽市	21,970	242,846,900	11,054	13,517,551	615	9,762,000	444
952	12 千葉	栄町	6,900	76,101,922	11,029	28,741,000	4,165	19,520,000	2,829
953	20 長野	箕輪町	6,041	66,553,048	11,017	0	0	160,046,549	26,493
954	40 福岡	豊前市	6,792	74,728,588	11,002	0	0	0	0
955	28 兵庫	西宮市	105,480	1,156,953,876	10,968	1,815,872,532	17,215	468,920,345	4,446
956	12 千葉	市川市	121,156	1,325,389,950	10,940	2,645,386,275	21,835	387,744,336	3,200
957	21 岐阜	土岐市	16,176	176,469,154	10,909	9,015,000	557	262,622,383	16,235
958	14 神奈川	二宮町	8,329	90,758,318	10,897	3,755,000	451	149,410,473	17,939
959	22 静岡	函南町	12,019	130,434,364	10,852	40,000,000	3,328	123,338,223	10,262
960	31 鳥取	伯耆町	2,963	32,147,997	10,850	5,472,190	1,847	102,838,304	34,707
961	42 長崎	東彼杵町	2,594	28,116,696	10,839	298,430	115	265,754,497	102,450
962	19 山梨	富士河口湖町	7,602	82,274,785	10,823	22,984,446	3,023	66,147,148	8,701
963	11 埼玉	春日部市	73,338	793,584,385	10,821	800,000,000	10,908	105,245	1
964	24 三重	玉城町	3,758	40,616,310	10,808	18,993,737	5,054	124,027,253	33,004
965	34 広島	神石高原町	2,449	26,453,859	10,802	0	0	294,543,759	120,271
966	12 千葉	東金市	21,327	230,259,669	10,797	130,000,000	6,096	94,114,958	4,413
967	37 香川	さぬき市	12,654	136,205,966	10,764	0	0	609,892,461	48,198
968	28 兵庫	豊岡市	23,472	250,521,703	10,673	34,402,000	1,466	645,255,750	27,490
969	16 富山	上市町	4,992	53,220,023	10,661	15,347,000	3,074	40,426,858	8,098
970	14 神奈川	茅ヶ崎市	64,083	680,000,000	10,611	880,711,780	13,743	328,950,197	5,133
971	22 静岡	袋井市	21,207	224,828,260	10,602	194,810,323	9,186	462,966,332	21,831
972	15 新潟	南魚沼市	16,349	173,262,713	10,598	0	0	116,226,670	7,109
973	45 宮崎	日向市	17,553	185,966,639	10,595	0	0	354,966,000	20,223
974	28 兵庫	市川町	3,494	36,922,694	10,567	6,325,000	1,810	113,352,268	32,442
975	01 北海道	天塩町	1,120	11,831,280	10,564	3,721,314	3,323	8,349,571	7,455
976	15 新潟	田上町	3,162	33,168,884	10,490	0	0	175,883,199	55,624
977	11 埼玉	嵐山町	5,379	56,026,163	10,416	16,064,000	2,986	30,607,293	5,690
978	19 山梨	富士吉田市	15,139	157,637,925	10,413	87,425,000	5,775	348,501,674	23,020
979	30 和歌山	由良町	2,097	21,810,606	10,401	2,099,000	1,001	41,732,815	19,901
980	42 長崎	雲仙市	17,162	178,056,445	10,375	3,244,448	189	423,860,503	24,698
981	19 山梨	山梨市	11,109	115,074,362	10,359	125,223,834	11,272	0	0
982	30 和歌山	美浜町	2,354	24,309,522	10,327	4,283,000	1,819	35,732,498	15,179
983	25 滋賀	大津市	78,927	813,779,161	10,311	518,832,782	6,574	0	0
984	12 千葉	横芝光町	9,540	97,483,965	10,218	50,000,000	5,241	38,000	4
985	23 愛知	長久手市	10,456	106,456,844	10,181	219,489,611	20,992	253,276,095	24,223
986	42 長崎	小値賀町	1,078	10,959,171	10,166	0	0	147,731,719	137,042
987	35 山口	田布施町	4,304	43,755,199	10,166	9,742,000	2,263	11,478	3
988	07 福島	鏡石町	3,770	38,311,890	10,162	19,137,430	5,076	213,480,486	56,626
989	36 徳島	徳島市	58,105	590,455,401	10,162	0	0	0	0
990	23 愛知	高浜市	9,706	98,542,018	10,153	10,546,000	1,087	30,523,223	3,145
991	14 神奈川	平塚市	74,824	758,117,166	10,132	1,500,000,000	20,047	3,902,926	52
992	01 北海道	室蘭市	21,438	216,808,884	10,113	0	0	160,075,835	7,467
993	26 京都	京丹波町	4,675	47,179,658	10,092	7,086,068	1,516	184,016,997	39,362
994	13 東京	杉並区	147,429	1,486,907,279	10,086	4,009,436,802	27,196	0	0
995	10 群馬	嬬恋村	4,436	44,601,409	10,054	47,771,201	10,769	28,272,123	6,373
996	16 富山	富山市	89,835	902,711,617	10,049	655,853,000	7,301	0	0
997	18 福井	若狭町	4,043	40,570,177	10,035	57,552,000	14,235	393,365	97
998	01 北海道	鹿追町	2,055	20,581,715	10,015	75,371,000	36,677	107,000	52

平成25年度（2013年度）全国市町村国保会計一人当収支順位

順位	都道府県名	保険者名	加入者数	収支決算		一般会計法定外繰入		基金残高	
				金額	一人当	総額	一人当	総額	一人当
888	13 東京	清瀬市	21,224	267,383,374	12,598	741,745,000	34,948	243,526,000	11,474
889	07 福島	石川町	4,873	61,171,595	12,553	15,631,000	3,208	261,873,000	53,740
890	01 北海道	浜頓別町	1,277	16,022,987	12,547	2,285,685	1,790	0	0
891	30 和歌山	海南市	15,865	198,911,156	12,538	24,209,000	1,526	427,539	27
892	15 新潟	村上市	16,636	208,403,291	12,527	0	0	202,106,011	12,149
893	08 茨城	石岡市	23,914	298,877,178	12,498	168,536,476	7,048	787,517	33
894	40 福岡	みやこ町	5,800	72,162,968	12,442	0	0	19,975,753	3,444
895	14 神奈川	伊勢原市	27,041	336,260,888	12,435	600,000,000	22,189	83,336,985	3,082
896	05 秋田	大潟村	2,075	25,761,457	12,415	0	0	47,000,000	22,651
897	34 広島	三原市	23,500	291,734,511	12,414	0	0	283,186,733	12,050
898	06 山形	村山市	6,649	82,531,545	12,413	11,000,000	1,654	171,621,480	25,812
899	13 東京	大田区	181,058	2,245,779,862	12,404	5,339,649,000	29,491	0	0
900	12 千葉	富津市	16,027	198,747,088	12,401	0	0	560,524,750	34,974
901	11 埼玉	草加市	72,863	903,319,252	12,398	1,072,539,278	14,720	4,900,034	67
902	22 静岡	清水町	8,999	111,330,955	12,371	41,001,000	4,556	123,703,055	13,746
903	17 石川	加賀市	19,293	238,484,026	12,361	0	0	626,764,151	32,487
904	34 広島	尾道市	36,521	451,259,671	12,356	34,059,718	933	558,118,224	15,282
905	10 群馬	千代田町	3,532	43,558,746	12,333	33,750,138	9,556	0	0
906	15 新潟	新発田市	24,981	304,799,857	12,201	0	0	570,385,362	22,833
907	07 福島	柳津町	1,158	14,115,849	12,190	1,959,998	1,693	101,465,973	87,622
908	42 長崎	対馬市	12,695	153,870,023	12,121	257,396,000	20,275	255,572,000	20,132
909	31 鳥取	鳥取市	44,859	541,666,855	12,075	74,996,374	1,672	559,258,000	12,467
910	11 埼玉	鴻巣市	32,285	389,804,328	12,074	418,527,336	12,964	1,204,767,188	37,317
911	11 埼玉	上尾市	61,858	746,065,965	12,061	1,234,634,000	19,959	10,970,644	177
912	25 滋賀	野洲市	11,159	134,285,632	12,034	6,706,000	601	133,054,812	11,924
913	43 熊本	南阿蘇村	4,036	48,521,229	12,022	48,650,000	12,054	45,295,230	11,223
914	01 北海道	西興部村	296	3,547,211	11,984	275,838	932	44,779,638	151,283
915	14 神奈川	大和市	66,166	792,313,540	11,975	1,492,261,000	22,553	404,940,457	6,120
916	32 島根	出雲市	37,371	447,037,278	11,962	27,846,076	745	563,733,682	15,085
917	13 東京	東村山市	41,643	497,504,995	11,947	1,262,927,675	30,327	599,549,100	14,397
918	11 埼玉	坂戸市	29,908	355,088,284	11,873	150,000,000	5,015	488,005,965	16,317
919	20 長野	小布施町	3,337	39,588,555	11,864	0	0	190,875,000	57,200
920	34 広島	福山市	111,643	1,323,664,305	11,856	241,003,122	2,159	1,257,380,098	11,263
921	10 群馬	高崎市	100,641	1,192,288,250	11,847	118,349,665	1,176	3,653,048,428	36,298
922	30 和歌山	かつらぎ町	6,064	71,508,134	11,792	30,271,000	4,992	94,861,412	15,643
923	04 宮城	大和町	6,021	70,872,811	11,771	430,000	71	310,656,000	51,595
924	01 北海道	富良野市	6,761	79,426,883	11,748	29,337,526	4,339	40,408,528	5,977
925	08 茨城	境町	9,299	109,202,949	11,744	5,370,600	578	125,623,594	13,509
926	45 宮崎	高千穂町	4,050	47,513,346	11,732	0	0	344,218,234	84,992
927	02 青森	六ヶ所村	2,992	35,085,653	11,726	132,197,236	44,184	118,288,042	39,535
928	38 愛媛	松山市	126,153	1,477,333,153	11,711	769,734,233	6,102	2,039,216	16
929	20 長野	安曇野市	25,414	296,324,621	11,660	24,370,979	959	1,014,728,600	39,928
930	36 徳島	鳴門市	16,687	194,219,695	11,639	54,781,000	3,283	292,043,000	17,501
931	03 岩手	陸前高田市	6,284	73,092,938	11,632	0	0	428,540,229	68,195
932	11 埼玉	戸田市	33,574	389,390,183	11,598	1,425,858,800	42,469	13,995,333	417
933	25 滋賀	守山市	16,513	190,807,713	11,555	51,526,000	3,120	562,416,877	34,059
934	25 滋賀	愛荘町	4,647	53,305,408	11,471	30,895,000	6,648	64,114,903	13,797
935	07 福島	塙町	2,679	30,657,053	11,443	8,541,097	3,188	111,513,965	41,625
936	43 熊本	産山村	595	6,807,959	11,442	0	0	37,404,367	62,864
937	40 福岡	春日市	25,999	297,254,766	11,433	269,804,000	10,377	3,695,545	142
938	01 北海道	旭川市	88,356	1,009,107,791	11,421	1,013,223,612	11,468	2,479,551,345	28,063
939	27 大阪	和泉市	47,153	537,475,207	11,399	344,854,000	7,314	830,640,847	17,616
940	28 兵庫	神河町	3,019	34,256,799	11,347	0	0	103,300,836	34,217
941	20 長野	飯綱町	3,300	37,309,955	11,306	0	0	180,565,025	54,717
942	23 愛知	日進市	18,044	203,748,776	11,292	314,300,000	17,419	106,729,248	5,915
943	37 香川	綾川町	5,882	66,361,964	11,282	150,702,111	25,621	377,000	64

順位	都道府県名	保険者名	加入者数	収支決算		一般会計法定外繰入		基金残高	
				金額	一人当	総額	一人当	総額	一人当
833	24 三重	亀山市	10,635	145,262,607	13,659	0	0	409,633	39
834	01 北海道	標茶町	3,049	41,630,019	13,654	74,170,000	24,326	100,399	33
835	07 福島	平田村	2,162	29,513,154	13,651	28,321,866	13,100	32,212,786	14,900
836	13 東京	板橋区	150,992	2,058,924,359	13,636	4,693,087,000	31,082	0	0
837	20 長野	長野市	89,202	1,214,593,933	13,616	1,442,791,390	16,174	1,645,473,097	18,447
838	26 京都	宇治市	47,212	642,285,684	13,604	0	0	644,722,872	13,656
839	23 愛知	弥富市	11,410	155,147,136	13,597	100,000,000	8,764	60,000,000	5,259
840	23 愛知	大口町	5,299	72,004,965	13,588	52,389,036	9,887	129,439,928	24,427
841	20 長野	飯田市	25,658	347,343,295	13,537	0	0	160,447,158	6,253
842	46 鹿児島	宇検村	579	7,832,461	13,528	10,217,000	17,646	35,536,104	61,375
843	01 北海道	小清水町	2,250	30,417,195	13,519	3,415,000	1,518	125,661	56
844	20 長野	軽井沢町	7,022	94,873,586	13,511	105,595,477	15,038	28,762,357	4,096
845	29 奈良	河合町	5,104	68,935,727	13,506	0	0	160,450,118	31,436
846	01 北海道	美唄市	7,298	98,191,571	13,455	91,093,000	12,482	18	0
847	15 新潟	弥彦村	2,061	27,714,405	13,447	2,986,000	1,449	41,900,000	20,330
848	27 大阪	河内長野市	30,682	412,051,898	13,430	10,645,000	347	0	0
849	04 宮城	涌谷町	5,657	75,839,205	13,406	16,859,617	2,980	264,486,507	46,754
850	20 長野	上田市	40,088	534,624,793	13,336	936,000	23	923,774,400	23,044
851	08 茨城	ひたちなか市	38,043	506,295,745	13,309	551,330,000	14,492	3,491,279	92
852	11 埼玉	行田市	24,597	327,133,011	13,300	335,730,857	13,649	2,686,912	109
853	23 愛知	岩倉市	12,384	164,618,581	13,293	110,981,357	8,962	0	0
854	20 長野	富士見町	4,145	55,091,633	13,291	20,000,010	4,825	50,934,598	12,288
855	14 神奈川	松田町	3,333	44,285,868	13,287	30,000,000	9,001	32,256,014	9,678
856	47 沖縄	北谷町	10,344	136,982,435	13,243	312,720,000	30,232	3,000,000	290
857	45 宮崎	綾町	2,855	37,591,751	13,167	0	0	135,512,046	47,465
858	01 北海道	中頓別町	558	7,328,503	13,134	9,000,196	16,129	0	0
859	15 新潟	湯沢町	3,053	40,087,038	13,130	21,511,655	7,046	82,361,284	26,977
860	23 愛知	設楽町	1,529	20,034,796	13,103	0	0	84,407,172	55,204
861	10 群馬	伊勢崎市	59,791	781,029,036	13,063	64,123,891	1,072	714,629,867	11,952
862	41 佐賀	玄海町	2,140	27,860,462	13,019	72,067,684	33,676	104,576,288	48,867
863	21 岐阜	御嵩町	5,118	66,555,962	13,004	23,932,000	4,676	50,222,128	9,813
864	13 東京	江戸川区	187,563	2,438,673,668	13,002	7,074,367,000	37,717	0	0
865	02 青森	十和田市	19,700	256,083,654	12,999	0	0	621,919,792	31,570
866	14 神奈川	横浜市	887,737	11,534,386,463	12,993	16,539,440,828	18,631	0	0
867	13 東京	港区	63,733	825,623,837	12,954	1,226,796,347	19,249	23,104,771	363
868	46 鹿児島	出水市	16,515	213,838,042	12,948	0	0	311,785,036	18,879
869	12 千葉	君津市	26,517	343,009,906	12,935	251,521,532	9,485	40,994,377	1,546
870	04 宮城	仙台市	243,950	3,152,160,413	12,921	3,619,954,170	14,839	233,878,326	959
871	22 静岡	熱海市	14,705	189,858,717	12,911	30,000,000	2,040	330,782,030	22,495
872	24 三重	川越町	3,126	40,281,164	12,886	46,565,000	14,896	57,263,489	18,318
873	23 愛知	安城市	41,698	537,084,881	12,880	542,402,651	13,008	0	0
874	09 栃木	那須町	10,553	135,899,727	12,878	0	0	337,000	32
875	37 香川	三豊市	17,322	222,948,837	12,871	107,605,488	6,212	100,195,564	5,784
876	25 滋賀	草津市	26,950	346,826,492	12,869	207,024,470	7,682	676,727,000	25,110
877	28 兵庫	稲美町	8,500	109,365,407	12,867	25,000,000	2,941	286,985,000	33,763
878	08 茨城	八千代町	9,271	119,281,947	12,866	111,376,184	12,013	0	0
879	01 北海道	むかわ町	3,308	42,465,922	12,837	87,705,943	26,513	72,483,761	21,912
880	29 奈良	平群町	5,915	75,767,430	12,809	0	0	190,966,029	32,285
881	43 熊本	山都町	6,153	78,626,391	12,779	0	0	228,146,087	37,079
882	35 山口	上関町	1,094	13,956,429	12,757	3,037,000	2,776	20,470,784	18,712
883	13 東京	品川区	94,899	1,210,279,424	12,753	2,241,000,188	23,615	0	0
884	35 山口	萩市	15,314	194,760,805	12,718	25,962,137	1,695	283,367,601	18,504
885	45 宮崎	美郷町	2,078	26,320,342	12,666	43,348,655	20,861	216,635,000	104,252
886	21 岐阜	美濃加茂市	13,847	175,134,269	12,648	0	0	460,746,370	33,274
887	07 福島	小野町	3,093	39,076,711	12,634	15,069,616	4,872	87,427,000	28,266

平成25年度（2013年度）全国市町村国保会計一人当収支順位

順位	都道府県名	保険者名	加入者数	収支決算		一般会計法定外繰入		基金残高	
				金額	一人当	総額	一人当	総額	一人当
777	03 岩手	洋野町	7,300	107,909,241	14,782	135,820,000	18,605	142,889,000	19,574
778	23 愛知	南知多町	7,659	112,893,249	14,740	42,531,000	5,553	76,050,000	9,929
779	20 長野	白馬村	3,672	54,038,014	14,716	0	0	169,713,010	46,218
780	20 長野	大町市	7,697	113,170,967	14,703	70,000,000	9,094	80,444,952	10,451
781	33 岡山	新見市	7,295	107,214,039	14,697	189,783,000	26,015	57,048,962	7,820
782	09 栃木	日光市	26,022	381,453,814	14,659	214,122,215	8,229	161,519,158	6,207
783	06 山形	米沢市	19,435	284,595,375	14,643	21,632,668	1,113	787,186,216	40,504
784	39 高知	檮原町	1,049	15,326,647	14,611	2,604,869	2,483	249,097,827	237,462
785	45 宮崎	西都市	11,594	168,893,884	14,567	0	0	62,441,463	5,386
786	03 岩手	遠野市	8,036	116,897,293	14,547	0	0	290,291,216	36,124
787	33 岡山	岡山市	163,339	2,367,942,902	14,497	2,980,000,000	18,244	129,190,000	791
788	13 東京	小笠原村	1,128	16,319,892	14,468	58,000,000	51,418	0	0
789	29 奈良	天理市	18,117	262,086,853	14,466	0	0	150,446,582	8,304
790	02 青森	田子町	2,333	33,739,823	14,462	27,183,888	11,652	58,013,817	24,867
791	11 埼玉	ふじみ野市	29,253	422,805,603	14,453	661,867,005	22,626	307,426,937	10,509
792	21 岐阜	池田町	6,183	89,319,039	14,446	0	0	22,896,376	3,703
793	12 千葉	旭市	26,557	383,265,729	14,432	300,000,000	11,296	638,870,499	24,057
794	07 福島	郡山市	82,332	1,186,342,873	14,409	367,091,000	4,459	239,317,395	2,907
795	36 徳島	北島町	4,774	68,737,407	14,398	0	0	90,000,000	18,852
796	13 東京	豊島区	86,561	1,246,305,196	14,398	3,417,117,000	39,476	0	0
797	11 埼玉	毛呂山町	11,054	159,093,783	14,392	10,000,000	905	297,049,676	26,873
798	46 鹿児島	南さつま市	10,439	150,212,911	14,390	63,000,000	6,035	154,828,468	14,832
799	06 山形	寒河江市	9,808	140,876,765	14,363	27,432,000	2,797	117,205,404	11,950
800	33 岡山	奈義町	1,497	21,489,882	14,355	0	0	37,465,627	25,027
801	02 青森	黒石市	11,453	164,064,344	14,325	0	0	429,648,901	37,514
802	47 沖縄	沖縄市	50,484	722,666,665	14,315	1,122,244,000	22,230	329,119,000	6,519
803	08 茨城	守谷市	14,986	214,398,797	14,307	144,999,000	9,676	100,240,334	6,689
804	12 千葉	成田市	35,346	503,533,182	14,246	890,150,056	25,184	13,227,146	374
805	01 北海道	釧路町	5,454	77,628,715	14,233	6,637,704	1,217	0	0
806	16 富山	朝日町	3,221	45,783,901	14,214	2,491,000	773	107,854,000	33,485
807	29 奈良	吉野町	2,846	40,449,276	14,213	0	0	165,957,316	58,312
808	30 和歌山	橋本市	17,981	255,213,678	14,194	23,190,000	1,290	756,468,995	42,070
809	14 神奈川	鎌倉市	47,921	680,043,229	14,191	1,088,189,000	22,708	1,196,779	25
810	30 和歌山	白浜町	8,078	114,343,945	14,155	20,980,216	2,597	120,572,208	14,926
811	28 兵庫	朝来市	8,172	115,543,813	14,139	24,820,400	3,037	260,449,550	31,871
812	41 佐賀	有田町	5,415	76,543,583	14,135	775,307	143	489,932,032	90,477
813	01 北海道	当麻町	2,248	31,700,594	14,102	2,466,308	1,097	34,723,452	15,446
814	08 茨城	笠間市	24,290	341,523,435	14,060	81,814,701	3,368	1,394,847	57
815	01 北海道	中川町	470	6,603,845	14,051	0	0	27,517,967	58,549
816	40 福岡	新宮町	5,302	74,482,075	14,048	3,366,000	635	0	0
817	02 青森	鶴田町	5,782	81,074,887	14,022	1,643,830	284	72,223,896	12,491
818	04 宮城	気仙沼市	21,256	297,179,926	13,981	644,000	30	880,107,486	41,405
819	35 山口	宇部市	40,611	566,855,892	13,958	91,864,812	2,262	584,318,081	14,388
820	15 新潟	十日町市	15,369	214,464,374	13,954	50,000,000	3,253	40,921,478	2,663
821	01 北海道	遠軽町	5,743	79,702,210	13,878	115,957,200	20,191	0	0
822	43 熊本	和水町	3,363	46,611,069	13,860	0	0	207,353,152	61,657
823	08 茨城	坂東市	21,380	295,852,300	13,838	450,000,000	21,048	9,194,000	430
824	17 石川	宝達志水町	3,246	44,852,298	13,818	0	0	44,077,436	13,579
825	07 福島	広野町	1,588	21,940,759	13,817	8,626,000	5,432	60,306,892	37,977
826	26 京都	井手町	2,305	31,831,639	13,810	12,300,000	5,336	0	0
827	37 香川	琴平町	2,631	36,314,261	13,802	0	0	0	0
828	30 和歌山	上富田町	5,000	68,972,767	13,795	16,490,938	3,298	150,006,975	30,001
829	40 福岡	みやま市	12,026	165,425,811	13,756	0	0	456,594,017	37,967
830	01 北海道	知内町	1,459	20,030,051	13,729	0	0	32,171,252	22,050
831	02 青森	外ヶ浜町	2,567	35,182,328	13,706	0	0	95,638,889	37,257
832	30 和歌山	有田市	10,658	145,618,352	13,663	11,239,000	1,055	222,651,518	20,891

順位	都道府県名	保険者名	加入者数	収支決算		一般会計法定外繰入		基金残高	
				金額	一人当	総額	一人当	総額	一人当
722	22 静岡	沼津市	59,162	956,193,382	16,162	483,004,600	8,164	1,548,801,158	26,179
723	05 秋田	藤里町	1,073	17,328,524	16,150	0	0	61,005,114	56,855
724	04 宮城	村田町	3,150	50,557,393	16,050	307,000	97	151,394,965	48,062
725	09 栃木	矢板市	9,733	156,200,828	16,049	0	0	52,620,268	5,406
726	25 滋賀	甲良町	2,332	37,385,145	16,031	8,040,624	3,448	30,091,641	12,904
727	22 静岡	河津町	2,884	46,175,071	16,011	0	0	53,377,833	18,508
728	24 三重	伊勢市	33,159	528,657,035	15,943	28,290,000	853	1,696,565,153	51,165
729	02 青森	野辺地町	4,566	72,683,743	15,918	20,000,000	4,380	50,000,000	10,951
730	12 千葉	袖ヶ浦市	18,229	289,778,263	15,897	177,911,274	9,760	5,431,189	298
731	24 三重	松阪市	43,467	690,534,648	15,886	87,074,000	2,003	1,233,918	28
732	43 熊本	高森町	2,547	40,400,648	15,862	25,000,000	9,815	335,173	132
733	10 群馬	前橋市	94,858	1,502,865,239	15,843	830,738,716	8,758	2,102	0
734	34 広島	東広島市	38,343	605,997,453	15,805	4,336,002	113	859,719,491	22,422
735	10 群馬	甘楽町	4,169	65,760,038	15,774	3,744,868	898	90,099,178	21,612
736	39 高知	本山町	966	15,198,247	15,733	5,377,477	5,567	48,286,206	49,986
737	07 福島	伊達市	17,853	280,850,226	15,731	42,291,412	2,369	223,800,003	12,536
738	01 北海道	新冠町	2,131	33,521,249	15,730	47,276,000	22,185	0	0
739	24 三重	名張市	19,645	308,928,037	15,726	0	0	1,050,632,575	53,481
740	36 徳島	阿波市	10,285	161,629,993	15,715	0	0	285,776,259	27,786
741	32 島根	西ノ島町	916	14,361,850	15,679	794,076	867	32,824,323	35,834
742	23 愛知	知多市	22,738	356,271,523	15,669	309,527,000	13,613	0	0
743	08 茨城	常陸大宮市	13,781	215,865,523	15,664	301,638,000	21,888	83,142,406	6,033
744	47 沖縄	竹富町	1,959	30,627,833	15,634	0	0	60,650,000	30,960
745	27 大阪	泉佐野市	26,823	419,239,632	15,630	0	0	300,016,232	11,185
746	01 北海道	由仁町	2,230	34,750,274	15,583	0	0	67,975,991	30,483
747	09 栃木	真岡市	24,473	381,284,636	15,580	0	0	107,800,000	4,405
748	44 大分	豊後大野市	10,006	154,919,843	15,483	5,414,724	541	69,752,196	6,971
749	24 三重	紀北町	5,422	83,783,463	15,453	0	0	149,308,099	27,537
750	01 北海道	上ノ国町	1,547	23,888,444	15,442	0	0	18,414,475	11,903
751	01 北海道	足寄町	2,535	39,128,561	15,435	41,117,000	16,220	62,714,786	24,740
752	01 北海道	訓子府町	2,320	35,657,658	15,370	56,500,000	24,353	22,932,000	9,884
753	47 沖縄	伊江村	2,234	34,301,725	15,354	60,000,000	26,858	15,178,000	6,794
754	09 栃木	壬生町	11,806	181,015,804	15,333	234,219,304	19,839	68,779	6
755	02 青森	三戸町	4,131	63,322,365	15,329	0	0	75,148,445	18,191
756	01 北海道	せたな町	3,095	47,438,604	15,327	25,000,000	8,078	51,257,739	16,561
757	28 兵庫	三田市	21,704	332,409,352	15,316	70,000,000	3,225	638,342,060	29,411
758	08 茨城	つくばみらい市	13,606	208,340,050	15,312	0	0	61,675,917	4,533
759	21 岐阜	郡上市	12,457	190,581,418	15,299	137,655,946	11,050	425,813,869	34,183
760	22 静岡	伊東市	29,130	445,054,377	15,278	174,130,112	5,978	1,150,889,797	39,509
761	10 群馬	桐生市	35,154	536,361,248	15,257	39,395,026	1,121	1,654,240,464	47,057
762	04 宮城	七ヶ浜町	5,073	76,862,374	15,151	1,934,000	381	215,706,000	42,520
763	01 北海道	小樽市	31,426	475,446,403	15,129	2,432,790	77	91,599,845	2,915
764	21 岐阜	岐南町	6,910	104,525,990	15,127	21,247,619	3,075	71,000	10
765	04 宮城	大崎市	36,673	554,412,724	15,118	90,060,000	2,456	1,178,859,920	32,145
766	12 千葉	鎌ヶ谷市	32,693	493,655,829	15,100	532,102,000	16,276	400,147,557	12,240
767	11 埼玉	三芳町	11,500	173,334,507	15,073	308,952,597	26,865	8,257,955	718
768	05 秋田	羽後町	4,651	69,796,076	15,007	3,707,000	797	39,363,496	8,463
769	11 埼玉	狭山市	45,182	677,606,133	14,997	841,678,028	18,629	4,662,044	103
770	01 北海道	平取町	2,003	30,005,411	14,980	0	0	31,227,562	15,590
771	30 和歌山	紀美野町	3,145	47,041,592	14,958	92,209,000	29,319	11,501,035	3,657
772	01 北海道	更別村	1,438	21,481,880	14,939	22,565,791	15,692	69,774,896	48,522
773	01 北海道	江別市	29,635	442,277,779	14,924	224,140,000	7,563	274,446,730	9,261
774	01 北海道	秩父別町	889	13,161,494	14,805	0	0	129,690,967	145,884
775	30 和歌山	湯浅町	4,813	71,240,187	14,802	3,254,952	676	163,375,506	33,945
776	29 奈良	三郷町	5,867	86,729,985	14,783	0	0	104,344,750	17,785

平成25年度（2013年度）全国市町村国保会計一人当収支順位

順位	都道府県名	保険者名	加入者数	収支決算		一般会計法定外繰入		基金残高	
				金額	一人当	総額	一人当	総額	一人当
667	24 三重	熊野市	6,100	110,073,607	18,045	0	0	128,614,000	21,084
668	08 茨城	鹿嶋市	24,151	435,702,483	18,041	173,068,535	7,166	380,389,000	15,750
669	01 北海道	雄武町	1,790	32,260,979	18,023	51,654,378	28,857	0	0
670	01 北海道	陸別町	829	14,885,528	17,956	27,894,000	33,648	24,816,990	29,936
671	05 秋田	仙北市	8,336	149,615,769	17,948	104,821,157	12,575	100,637,433	12,073
672	19 山梨	甲斐市	19,869	356,507,901	17,943	50,536,842	2,544	252,128,000	12,690
673	43 熊本	美里町	3,512	62,858,340	17,898	0	0	139,862,645	39,824
674	29 奈良	桜井市	17,245	308,559,680	17,893	0	0	43,171,283	2,503
675	08 茨城	筑西市	34,420	614,360,806	17,849	305,149,301	8,865	23,771,055	691
676	11 埼玉	小鹿野町	4,105	73,202,425	17,833	119,816,094	29,188	17,708,294	4,314
677	04 宮城	多賀城市	14,992	267,151,965	17,820	1,231,000	82	367,932,114	24,542
678	10 群馬	富岡市	14,605	260,232,926	17,818	17,499,509	1,198	376,604,967	25,786
679	22 静岡	磐田市	44,612	794,851,908	17,817	303,246,000	6,797	1,900,616,116	42,603
680	34 広島	呉市	53,259	947,843,840	17,797	5,179,141	97	1,929,639,664	36,231
681	06 山形	川西町	4,129	73,355,795	17,766	0	0	190,076,778	46,035
682	11 埼玉	鶴ヶ島市	20,290	359,851,041	17,735	211,500,000	10,424	424,335,000	20,914
683	29 奈良	高取町	2,057	36,347,689	17,670	8,530,646	4,147	151,675,712	73,736
684	37 香川	土庄町	4,424	78,065,467	17,646	5,945,236	1,344	321,725,501	72,723
685	46 鹿児島	大和村	560	9,871,584	17,628	19,160,000	34,214	48,136,504	85,958
686	01 北海道	名寄市	6,788	118,830,155	17,506	972,600	143	89,009,043	13,113
687	23 愛知	半田市	28,686	501,662,650	17,488	0	0	806,453,000	28,113
688	34 広島	熊野町	6,991	122,111,612	17,467	16,261,652	2,326	107,000	15
689	12 千葉	睦沢町	2,574	44,729,141	17,377	0	0	125,821,076	48,882
690	19 山梨	西桂町	1,332	23,077,904	17,326	3,313,000	2,487	10,000,000	7,508
691	11 埼玉	杉戸町	14,315	248,000,532	17,325	100,000,000	6,986	322,591,333	22,535
692	23 愛知	田原市	23,977	414,066,013	17,269	334,392,640	13,946	799,091	33
693	08 茨城	五霞町	3,123	53,870,308	17,250	30,000,000	9,606	15,588,399	4,991
694	05 秋田	八峰町	2,406	41,389,096	17,202	5,926,598	2,463	5,312	2
695	11 埼玉	八潮市	27,136	465,683,806	17,161	485,478,000	17,891	654,873	24
696	35 山口	山口市	41,998	718,843,518	17,116	84,733,000	2,018	1,015,615,432	24,182
697	20 長野	御代田町	4,512	77,216,053	17,113	13,766,000	3,051	107,320,000	23,785
698	23 愛知	豊明市	17,345	296,524,039	17,096	430,300,000	24,808	24,464	1
699	04 宮城	角田市	8,242	140,844,088	17,089	4,400,985	534	388,604,134	47,149
700	22 静岡	湖西市	14,739	251,625,439	17,072	0	0	213,282,217	14,471
701	02 青森	つがる市	14,484	247,243,860	17,070	10,000,000	690	230,361,094	15,905
702	14 神奈川	寒川町	14,102	239,805,186	17,005	85,764,000	6,082	234,489,459	16,628
703	45 宮崎	五ヶ瀬町	1,444	24,494,519	16,963	0	0	115,500,000	79,986
704	08 茨城	かすみがうら市	13,166	222,670,689	16,913	224,431,530	17,046	763,778	58
705	04 宮城	加美町	7,516	126,763,267	16,866	725,000	96	380,104,141	50,573
706	22 静岡	西伊豆町	3,322	56,006,923	16,859	0	0	309,906,549	93,289
707	08 茨城	那珂市	15,583	260,520,856	16,718	100,000,000	6,417	301,819,158	19,368
708	38 愛媛	今治市	49,083	818,668,295	16,679	170,795,316	3,480	52,229,941	1,064
709	12 千葉	鴨川市	11,235	187,325,398	16,673	0	0	359,867,419	32,031
710	04 宮城	利府町	7,270	121,061,596	16,652	668,000	92	385,489,624	53,025
711	22 静岡	掛川市	29,048	481,759,129	16,585	250,000,000	8,606	491,460,764	16,919
712	01 北海道	置戸町	1,224	20,282,500	16,571	0	0	196,467,681	160,513
713	11 埼玉	白岡市	12,718	210,079,094	16,518	79,510,000	6,252	448,046,487	35,229
714	13 東京	文京区	49,086	810,527,081	16,512	1,500,030,000	30,559	0	0
715	07 福島	南会津町	4,968	81,995,221	16,505	12,237,058	2,463	107,758,000	21,690
716	19 山梨	昭和町	4,891	80,665,598	16,493	86,976,000	17,783	45,249,000	9,251
717	11 埼玉	小川町	9,214	151,403,088	16,432	70,690,000	7,672	16,560,415	1,797
718	04 宮城	富谷町	9,486	154,742,547	16,313	4,559,430	481	1,092,758,000	115,197
719	01 北海道	壮瞥町	950	15,481,930	16,297	15,000,000	15,789	226,011	238
720	06 山形	長井市	6,439	104,631,857	16,250	14,132,537	2,195	180,000,000	27,955
721	02 青森	五所川原市	21,405	346,244,188	16,176	0	0	519,671,410	24,278

順位	都道府県名	保険者名	加入者数	収支決算		一般会計法定外繰入		基金残高	
				金額	一人当	総額	一人当	総額	一人当
611	05 秋田	東成瀬村	774	15,117,733	19,532	28,564,000	36,904	38,000,000	49,096
612	08 茨城	結城市	17,361	338,211,297	19,481	16,416,200	946	191,260,963	11,017
613	12 千葉	柏市	109,324	2,128,845,707	19,473	438,757,062	4,013	307,636,726	2,814
614	38 愛媛	四国中央市	20,867	406,035,938	19,458	61,843,408	2,964	350,000,000	16,773
615	16 富山	黒部市	8,561	166,454,541	19,443	6,180,000	722	0	0
616	14 神奈川	横須賀市	119,775	2,327,895,047	19,436	3,037,762,969	25,362	0	0
617	01 北海道	浦幌町	2,050	39,832,695	19,431	13,923,000	6,792	33,145,343	16,168
618	05 秋田	大館市	19,504	378,963,034	19,430	0	0	757,010,326	38,813
619	21 岐阜	恵那市	13,703	265,821,149	19,399	18,050,034	1,317	358,638,887	26,172
620	05 秋田	にかほ市	7,245	140,356,887	19,373	18,479,000	2,551	142,700,000	19,696
621	15 新潟	胎内市	7,979	154,529,565	19,367	0	0	149,651,879	18,756
622	07 福島	福島市	67,874	1,313,726,013	19,355	390,677,559	5,756	6,481	0
623	23 愛知	みよし市	11,407	220,216,247	19,305	8,926,482	783	456,862,488	40,051
624	16 富山	入善町	5,733	110,204,811	19,223	6,240,000	1,088	4,843,377	845
625	22 静岡	三島市	30,689	589,822,341	19,219	92,552,450	3,016	335,995,389	10,948
626	03 岩手	奥州市	31,728	608,551,622	19,180	0	0	796,613,238	25,108
627	44 大分	国東市	8,762	167,476,681	19,114	77,922,783	8,893	167,067,000	19,067
628	43 熊本	南関町	2,926	55,896,072	19,103	0	0	185,244,979	63,310
629	11 埼玉	北本市	19,808	377,666,781	19,066	100,009,000	5,049	256,749,000	12,962
630	10 群馬	藤岡市	20,084	382,837,276	19,062	267,748,817	13,331	506,796,372	25,234
631	06 山形	新庄市	10,561	201,262,648	19,057	110,149,000	10,430	0	0
632	25 滋賀	米原市	9,072	172,113,898	18,972	4,140,000	456	120,433,300	13,275
633	20 長野	塩尻市	17,518	332,252,123	18,966	166,014,236	9,477	0	0
634	14 神奈川	箱根町	4,032	76,436,158	18,957	9,648,677	2,393	2,623,982	651
635	12 千葉	白井市	16,663	315,654,481	18,943	0	0	84,792,137	5,089
636	43 熊本	大津町	7,200	136,266,190	18,926	80,000,000	11,111	5,388,294	748
637	01 北海道	猿払村	1,165	22,018,075	18,900	3,966,280	3,405	43,381,992	37,238
638	07 福島	二本松市	15,377	288,915,761	18,789	45,319,225	2,947	112,226,746	7,298
639	11 埼玉	東松山市	25,999	488,311,016	18,782	500,000,000	19,232	27,430	1
640	10 群馬	渋川市	25,011	468,118,718	18,717	88,884,408	3,554	744,095,542	29,751
641	08 茨城	神栖市	31,497	588,915,433	18,698	384,793,962	12,217	209,642,675	6,656
642	04 宮城	東松島市	12,109	225,624,469	18,633	840,431	69	362,742,960	29,956
643	35 山口	光市	14,259	265,509,350	18,620	24,302,000	1,704	443,295	31
644	05 秋田	北秋田市	8,938	165,522,178	18,519	0	0	425,425,594	47,597
645	10 群馬	昭和村	3,564	65,737,729	18,445	2,755,617	773	12,000,835	3,367
646	03 岩手	葛巻町	2,582	47,542,530	18,413	73,108,680	28,315	293,102	114
647	24 三重	東員町	6,389	117,595,527	18,406	30,000,000	4,696	272,502,798	42,652
648	46 鹿児島	薩摩川内市	23,481	431,692,171	18,385	250,000,000	10,647	200,044,000	8,519
649	40 福岡	芦屋町	3,924	71,879,927	18,318	87,100,000	22,197	4,269,411	1,088
650	20 長野	信濃町	2,951	53,963,183	18,286	64,156,700	21,741	50,000,000	16,943
651	11 埼玉	深谷市	43,015	785,839,111	18,269	1,219,768,458	28,357	20,101,530	467
652	35 山口	柳井市	9,402	171,671,741	18,259	221,203,000	23,527	113,473,759	12,069
653	13 東京	羽村市	16,295	297,279,525	18,244	772,720,000	47,421	5,922,000	363
654	29 奈良	生駒市	26,844	489,214,871	18,224	739,000	28	712,974,045	26,560
655	16 富山	立山町	5,990	109,141,570	18,221	4,603,000	768	0	0
656	09 栃木	足利市	46,154	838,323,365	18,164	6,311,018	137	2,012,790,209	43,610
657	32 島根	飯南町	1,197	21,725,264	18,150	14,121,000	11,797	163,325,250	136,445
658	43 熊本	菊陽町	8,682	157,573,222	18,149	0	0	990,529	114
659	05 秋田	湯沢市	14,275	259,031,563	18,146	0	0	643,013,000	45,045
660	12 千葉	四街道市	26,759	485,259,441	18,134	0	0	795,688,245	29,735
661	34 広島	府中市	9,754	176,882,522	18,134	0	0	2,761,261	283
662	21 岐阜	大野町	6,258	113,324,549	18,109	53,139,000	8,491	100,020,211	15,983
663	11 埼玉	寄居町	10,838	196,227,896	18,106	260,000,000	23,990	88,769	8
664	20 長野	高山村	2,011	36,392,031	18,096	21,000,000	10,443	91,688,000	45,593
665	02 青森	板柳町	5,888	106,487,908	18,086	0	0	166,635,345	28,301
666	18 福井	永平寺町	4,056	73,237,457	18,057	8,381,563	2,066	82,343,353	20,302

平成25年度（2013年度）全国市町村国保会計一人当収支順位

順位	都道府県名	保険者名	加入者数	収支決算		一般会計法定外繰入		基金残高	
				金額	一人当	総額	一人当	総額	一人当
555	12 千葉	白子町	4,563	95,913,724	21,020	0	0	160,697,000	35,217
556	01 北海道	乙部町	1,227	25,782,655	21,013	0	0	75,342,518	61,404
557	11 埼玉	川越市	96,777	2,032,899,191	21,006	1,370,871,638	14,165	106,650,556	1,102
558	07 福島	新地町	2,324	48,702,534	20,956	4,568,824	1,966	53,196,447	22,890
559	31 鳥取	智頭町	2,070	43,374,803	20,954	0	0	200,859,452	97,034
560	30 和歌山	太地町	1,171	24,513,029	20,933	13,809,000	11,792	28,019	24
561	08 茨城	桜川市	15,412	322,192,487	20,905	240,000,000	15,572	110,103,472	7,144
562	43 熊本	錦町	3,300	68,773,964	20,841	0	0	148,996,000	45,150
563	27 大阪	河南町	4,569	95,098,935	20,814	5,000,000	1,094	77,537,654	16,970
564	12 千葉	野田市	49,660	1,027,366,007	20,688	200,000,000	4,027	818,415,996	16,480
565	16 富山	氷見市	11,769	242,871,626	20,637	7,969,000	677	690,637,438	58,683
566	18 福井	美浜町	2,572	53,069,867	20,634	4,863,703	1,891	78,103,000	30,367
567	09 栃木	下野市	14,765	303,952,217	20,586	0	0	836,058,832	56,624
568	08 茨城	潮来市	10,653	219,230,741	20,579	511,786,000	48,041	833	0
569	12 千葉	松戸市	136,771	2,813,458,052	20,571	1,500,000,000	10,967	4,851,000,000	35,468
570	43 熊本	多良木町	3,340	68,641,491	20,551	24,045,000	7,199	74,928,978	22,434
571	09 栃木	那珂川町	5,960	122,425,265	20,541	0	0	2,397,479	402
572	06 山形	白鷹町	3,712	75,891,327	20,445	0	0	137,617,223	37,074
573	14 神奈川	藤沢市	106,991	2,175,933,006	20,338	1,000,000,000	9,347	5,641,649	53
574	33 岡山	美作市	7,630	155,018,357	20,317	56,000	7	585,216,046	76,699
575	01 北海道	音威子府村	163	3,308,560	20,298	5,199,611	31,899	18,846,367	115,622
576	11 埼玉	桶川市	20,882	423,803,276	20,295	301,532,000	14,440	30,931,899	1,481
577	12 千葉	香取市	28,223	572,673,043	20,291	0	0	674,514,136	23,899
578	28 兵庫	太子町	8,211	166,235,112	20,245	0	0	123,712,000	15,067
579	45 宮崎	小林市	15,822	320,187,718	20,237	200,000,000	12,641	207,893,254	13,140
580	13 東京	あきる野市	24,915	504,083,722	20,232	550,000,000	22,075	142,738,277	5,729
581	01 北海道	大樹町	2,078	41,994,414	20,209	38,541,000	18,547	3,060,207	1,473
582	11 埼玉	滑川町	4,335	87,488,334	20,182	61,484,492	14,183	5,015,671	1,157
583	23 愛知	大府市	20,231	407,054,098	20,120	218,547,114	10,803	0	0
584	42 長崎	南島原市	20,562	413,651,058	20,117	153,908,856	7,485	144,639,090	7,034
585	15 新潟	上越市	44,221	888,450,219	20,091	0	0	794,035,278	17,956
586	37 香川	多度津町	5,700	114,328,942	20,058	5,419,000	951	124,192,019	21,788
587	14 神奈川	南足柄市	11,349	227,547,604	20,050	41,635,611	3,669	201,563,392	17,760
588	07 福島	西郷村	4,854	97,251,980	20,035	28,368,000	5,844	86,636,761	17,849
589	09 栃木	那須烏山市	9,144	183,008,345	20,014	0	0	181,168,000	19,813
590	18 福井	坂井市	20,030	400,543,345	19,997	50,000,000	2,496	92,804	5
591	41 佐賀	太良町	3,753	75,022,066	19,990	86,118,999	22,947	419,508	112
592	39 高知	馬路村	235	4,693,374	19,972	0	0	18,027,674	76,714
593	29 奈良	香芝市	18,197	363,387,883	19,970	0	0	0	0
594	41 佐賀	神埼市	7,743	154,574,705	19,963	1,588,361	205	35,424,858	4,575
595	15 新潟	柏崎市	20,556	409,825,457	19,937	117,144,000	5,699	550,965,027	26,803
596	13 東京	昭島市	32,400	645,846,023	19,934	1,072,083,000	33,089	200,052,233	6,174
597	38 愛媛	砥部町	6,231	124,205,476	19,933	25,646,000	4,116	160,400,667	25,742
598	44 大分	日出町	6,886	136,728,032	19,856	0	0	234,107,983	33,998
599	01 北海道	中標津町	7,594	150,373,404	19,802	3,691,570	486	376,814,974	49,620
600	25 滋賀	栗東市	13,208	261,216,670	19,777	35,000,000	2,650	0	0
601	42 長崎	西海市	9,237	182,336,491	19,740	1,288,000	139	280,376,000	30,354
602	23 愛知	幸田町	8,784	173,274,104	19,726	110,438,599	12,573	11,871,744	1,352
603	15 新潟	小千谷市	9,159	180,568,194	19,715	19,337,167	2,111	227,276,215	24,815
604	24 三重	度会町	2,284	44,977,795	19,693	0	0	21,949,925	9,610
605	43 熊本	玉東町	1,761	34,640,434	19,671	1,192,100	677	54,000,000	30,664
606	08 茨城	利根町	6,312	123,898,582	19,629	0	0	186,528,000	29,551
607	46 鹿児島	湧水町	2,989	58,574,329	19,597	0	0	56,745,169	18,985
608	11 埼玉	新座市	48,063	940,860,729	19,576	900,000,000	18,725	824,893,191	17,163
609	23 愛知	豊橋市	93,489	1,829,686,028	19,571	727,917,495	7,786	831,806	9
610	01 北海道	千歳市	19,356	378,782,841	19,569	250,074,050	12,920	1,608,935	83

順位	都道府県名	保険者名	加入者数	収支決算		一般会計法定外繰入		基金残高	
				金額	一人当	総額	一人当	総額	一人当
500	28 兵庫	丹波市	16,785	376,062,227	22,405	24,401,000	1,454	362,278,019	21,583
501	07 福島	中島村	1,485	33,270,487	22,404	25,891,135	17,435	5,826	4
502	30 和歌山	北山村	142	3,179,468	22,391	1,000	7	33,297,000	234,486
503	35 山口	下関市	68,637	1,536,475,459	22,386	170,581,765	2,485	207,919,746	3,029
504	33 岡山	勝央町	2,555	57,112,207	22,353	110,250	43	30,207,000	11,823
505	22 静岡	静岡市	187,735	4,187,219,234	22,304	2,034,834,000	10,839	2,404,668,572	12,809
506	24 三重	四日市市	71,204	1,585,817,050	22,271	65,167,387	915	3,111,268,106	43,695
507	17 石川	かほく市	7,926	176,422,748	22,259	55,000,000	6,939	95,510,446	12,050
508	04 宮城	登米市	25,572	566,713,749	22,161	17,068,000	667	460,083,483	17,992
509	06 山形	南陽市	8,031	177,897,906	22,151	0	0	183,890,483	22,898
510	46 鹿児島	さつま町	6,327	140,039,805	22,134	0	0	241,843,513	38,224
511	12 千葉	館山市	17,191	380,282,160	22,121	107,408,760	6,248	327,243,070	19,036
512	30 和歌山	日高町	2,289	50,634,355	22,121	2,517,000	1,100	14,450,333	6,313
513	29 奈良	大和高田市	20,083	443,668,174	22,092	0	0	0	0
514	12 千葉	鋸南町	3,051	67,271,814	22,049	6,939,000	2,274	87,000,000	28,515
515	46 鹿児島	曽於市	12,013	264,238,999	21,996	200,000,000	16,649	57,411,682	4,779
516	06 山形	尾花沢市	5,357	117,815,264	21,993	9,422,000	1,759	100,241,000	18,712
517	04 宮城	栗原市	20,576	452,392,518	21,986	12,988,294	631	776,704,386	37,748
518	08 茨城	取手市	33,623	738,399,990	21,961	12,539,136	373	153,479,013	4,565
519	13 東京	江東区	126,789	2,781,458,612	21,938	4,571,042,000	36,052	0	0
520	24 三重	菰野町	9,744	213,491,875	21,910	0	0	130,012	13
521	47 沖縄	嘉手納町	5,328	116,736,036	21,910	279,478,000	52,455	238,162,481	44,700
522	01 北海道	羅臼町	3,025	66,218,605	21,890	647,000	214	41,000,835	13,554
523	20 長野	中川村	1,320	28,856,292	21,861	0	0	25,120,000	19,030
524	35 山口	山陽小野田市	14,797	322,971,604	21,827	63,957,275	4,322	268,749,105	18,162
525	42 長崎	長与町	9,445	205,156,763	21,721	2,149,956	228	21,400,000	2,266
526	09 栃木	鹿沼市	28,718	622,928,509	21,691	192,751,514	6,712	128,917,211	4,489
527	43 熊本	五木村	334	7,243,126	21,686	0	0	88,647,894	265,413
528	43 熊本	天草市	28,469	617,108,224	21,676	566,829,408	19,910	407,117,143	14,300
529	10 群馬	上野村	351	7,607,447	21,674	382,306	1,089	89,790,869	255,814
530	23 愛知	扶桑町	8,501	184,058,555	21,651	99,827,000	11,743	0	0
531	11 埼玉	飯能市	24,303	525,636,989	21,628	260,679,000	10,726	150,090,118	6,176
532	07 福島	玉川村	2,003	43,309,313	21,622	11,724,000	5,853	35,312,000	17,630
533	01 北海道	占冠村	325	7,019,030	21,597	4,099,967	12,615	6,108,202	18,794
534	39 高知	北川村	399	8,613,303	21,587	14,811,781	37,122	5,879,479	14,736
535	23 愛知	瀬戸市	32,135	693,019,331	21,566	134,109,000	4,173	490,658,548	15,269
536	23 愛知	西尾市	45,252	974,569,765	21,537	737,804,211	16,304	303,446,047	6,706
537	14 神奈川	開成町	4,033	86,850,514	21,535	63,369,600	15,713	666,189	165
538	26 京都	長岡京市	18,148	390,706,794	21,529	69,772,000	3,845	46,177,617	2,545
539	19 山梨	北杜市	16,599	357,143,091	21,516	56,183,138	3,385	364,751,959	21,974
540	03 岩手	雫石町	4,938	106,238,906	21,515	175,688,069	35,579	5,527,787	1,119
541	03 岩手	八幡平市	8,120	174,316,127	21,468	39,931,000	4,918	50,043,182	6,163
542	01 北海道	愛別町	1,096	23,511,895	21,452	54,082,000	49,345	8,274,832	7,550
543	07 福島	川俣町	3,927	84,212,009	21,444	0	0	31,756,242	8,087
544	41 佐賀	基山町	4,072	87,304,326	21,440	509,479	125	120,207,112	29,520
545	18 福井	勝山市	5,836	125,019,894	21,422	0	0	53,893,278	9,235
546	28 兵庫	加東市	8,772	187,844,744	21,414	9,366,488	1,068	165,165,534	18,829
547	06 山形	河北町	4,685	99,917,957	21,327	21,087,708	4,501	118,198,447	25,229
548	15 新潟	聖籠町	3,194	68,104,882	21,323	0	0	7,190	2
549	02 青森	階上町	4,562	97,095,050	21,283	30,000,000	6,576	134,875,496	29,565
550	01 北海道	紋別市	6,769	143,783,307	21,241	22,187,000	3,278	963	0
551	22 静岡	吉田町	7,310	154,662,185	21,158	120,000	16	199,181,643	27,248
552	01 北海道	中札内村	1,351	28,581,977	21,156	50,995,000	37,746	94,070,510	69,630
553	07 福島	飯舘村	2,450	51,770,215	21,131	9,995,000	4,080	50,956,402	20,799
554	34 広島	北広島町	4,800	100,901,035	21,021	13,365,000	2,784	93,468,460	19,473

平成25年度（2013年度）全国市町村国保会計一人当収支順位

順位	都道府県名	保険者名	加入者数	収支決算		一般会計法定外繰入		基金残高	
				金額	一人当	総額	一人当	総額	一人当
444	12 千葉	山武市	21,250	524,165,292	24,667	0	0	0	0
445	36 徳島	松茂町	3,710	91,310,133	24,612	0	0	8,344,631	2,249
446	03 岩手	矢巾町	5,743	141,232,501	24,592	0	0	100,709,000	17,536
447	14 神奈川	清川村	1,081	26,563,612	24,573	0	0	21,148,397	19,564
448	07 福島	西会津町	2,203	54,083,143	24,550	8,149,696	3,699	122,950,979	55,811
449	35 山口	長門市	10,449	256,414,861	24,540	21,598,000	2,067	154,173,979	14,755
450	23 愛知	江南市	26,671	654,239,186	24,530	418,365,000	15,686	835,340	31
451	43 熊本	益城町	9,333	228,674,749	24,502	0	0	90,382,066	9,684
452	12 千葉	浦安市	35,233	862,712,896	24,486	409,193,000	11,614	2,366,459	67
453	43 熊本	氷川町	4,758	116,024,533	24,385	75,934,000	15,959	44,139,543	9,277
454	28 兵庫	相生市	8,361	203,795,342	24,375	40,779,021	4,877	221,821,019	26,530
455	47 沖縄	恩納村	4,196	102,241,142	24,366	111,250,000	26,513	41,432,000	9,874
456	01 北海道	礼文町	1,033	25,159,315	24,356	6,000,000	5,808	0	0
457	21 岐阜	瑞浪市	9,338	226,509,005	24,257	15,563,953	1,667	583,944,861	62,534
458	42 長崎	松浦市	7,304	176,843,358	24,212	0	0	361,789,034	49,533
459	29 奈良	上牧町	6,248	151,266,786	24,210	5,677,536	909	334,623,000	53,557
460	10 群馬	板倉町	5,164	124,842,399	24,176	74,282,218	14,385	6,484,373	1,256
461	20 長野	諏訪市	13,204	319,182,588	24,173	0	0	116,940,580	8,856
462	37 香川	三木町	6,728	162,615,166	24,170	0	0	214,615,000	31,899
463	25 滋賀	彦根市	25,485	615,072,245	24,135	93,197,000	3,657	140,000,000	5,493
464	15 新潟	刈羽村	1,075	25,882,143	24,076	1,882,125	1,751	121,810	113
465	23 愛知	豊川市	45,690	1,098,827,427	24,050	83,419,000	1,826	595,582,744	13,035
466	03 岩手	普代村	1,169	28,078,304	24,019	0	0	95,379,000	81,590
467	25 滋賀	竜王町	2,595	62,213,964	23,975	13,088,535	5,044	90,326,559	34,808
468	22 静岡	御殿場市	20,648	494,983,024	23,972	136,080,000	6,590	108,629,130	5,261
469	27 大阪	田尻町	2,040	48,805,977	23,924	4,078,405	1,999	18,154,446	8,899
470	01 北海道	苫前町	1,134	27,089,347	23,888	0	0	59,665,403	52,615
471	09 栃木	小山市	45,571	1,087,408,101	23,862	51,665,324	1,134	14,426,260	317
472	24 三重	木曽岬町	2,030	48,303,077	23,795	10,000,000	4,926	58,084,713	28,613
473	43 熊本	合志市	13,387	318,461,534	23,789	144,285,000	10,778	1,199,465	90
474	11 埼玉	和光市	18,455	438,877,679	23,781	250,000,000	13,546	494,002,000	26,768
475	33 岡山	美咲町	3,852	91,570,265	23,772	50,000,000	12,980	45,946,354	11,928
476	27 大阪	大阪狭山市	15,218	359,834,240	23,645	19,812,162	1,302	0	0
477	14 神奈川	葉山町	10,126	238,763,399	23,579	60,000,000	5,925	80,245,876	7,925
478	21 岐阜	瑞穂市	12,711	299,679,411	23,576	63,052,000	4,960	499,915,764	39,329
479	11 埼玉	伊奈町	11,118	261,418,421	23,513	57,912,000	5,209	3,218	0
480	45 宮崎	都農町	4,153	97,536,952	23,486	0	0	154,192,000	37,128
481	43 熊本	苓北町	2,291	53,706,659	23,442	7,510,000	3,278	124,567,871	54,373
482	20 長野	朝日村	1,324	30,989,509	23,406	10,000,000	7,553	33,819,364	25,543
483	33 岡山	赤磐市	11,353	265,698,447	23,403	0	0	246,679,561	21,728
484	09 栃木	塩谷町	3,756	87,871,144	23,395	0	0	224,419,249	59,750
485	03 岩手	住田町	1,690	39,503,604	23,375	0	0	60,352,132	35,711
486	22 静岡	島田市	25,810	603,034,333	23,364	2,996,375	116	44,578,311	1,727
487	23 愛知	東海市	27,112	630,575,977	23,258	321,452,000	11,856	0	0
488	12 千葉	東庄町	5,429	125,988,351	23,207	7,672,823	1,413	165,510,252	30,486
489	33 岡山	鏡野町	3,318	76,503,655	23,057	102,950	31	153,631,418	46,302
490	12 千葉	富里市	17,606	405,080,733	23,008	291,610,000	16,563	28,770,542	1,634
491	18 福井	越前町	5,450	125,105,977	22,955	0	0	186,961,118	34,305
492	23 愛知	豊山町	4,579	104,844,168	22,897	151,166,000	33,013	0	0
493	07 福島	田村市	12,051	275,486,082	22,860	33,810,943	2,806	418,404,197	34,719
494	01 北海道	斜里町	4,683	106,837,073	22,814	21,872,738	4,671	142,008,596	30,324
495	21 岐阜	富加町	1,596	36,198,017	22,680	6,425,000	4,026	40,318,825	25,262
496	20 長野	天龍村	386	8,714,754	22,577	0	0	37,604,000	97,420
497	05 秋田	鹿角市	8,882	199,673,831	22,481	218,094,195	24,555	69,191,000	7,790
498	01 北海道	士幌町	2,594	58,178,747	22,428	46,454,231	17,908	61,380,822	23,663
499	33 岡山	久米南町	1,303	29,210,565	22,418	0	0	28,038,688	21,519

順位	都道府県名	保険者名	加入者数	収支決算		一般会計法定外繰入		基金残高	
				金額	一人当	総額	一人当	総額	一人当
389	12 千葉	一宮町	4,181	110,896,282	26,524	0	0	53,345,000	12,759
390	40 福岡	久山町	2,038	54,020,102	26,506	101,666,000	49,885	0	0
391	20 長野	生坂村	590	15,613,385	26,463	0	0	38,586,415	65,401
392	01 北海道	妹背牛町	1,199	31,661,123	26,406	0	0	16,644,992	13,882
393	12 千葉	酒々井町	6,336	167,192,626	26,388	0	0	141,346,235	22,308
394	38 愛媛	松前町	7,567	199,257,064	26,332	18,624,000	2,461	51,630,897	6,823
395	21 岐阜	養老町	8,759	230,496,135	26,315	13,801,338	1,576	216,089,029	24,671
396	03 岩手	紫波町	7,980	209,966,090	26,312	0	0	85,340,253	10,694
397	16 富山	南砺市	12,776	336,015,069	26,300	67,689,458	5,298	0	0
398	21 岐阜	可児市	26,681	701,711,641	26,300	19,179,588	719	300,122,801	11,249
399	19 山梨	韮崎市	7,961	209,256,278	26,285	48,189,472	6,053	216,359,779	27,177
400	21 岐阜	白川村	469	12,296,632	26,219	0	0	29,015,000	61,866
401	01 北海道	江差町	2,322	60,826,192	26,196	0	0	102,356,254	44,081
402	21 岐阜	羽島市	19,472	509,784,575	26,180	100,069,627	5,139	270,116,295	13,872
403	22 静岡	御前崎市	9,863	258,148,864	26,173	100,000,000	10,139	281,021,029	28,492
404	13 東京	奥多摩町	1,707	44,647,337	26,155	50,000,000	29,291	63,421,472	37,154
405	24 三重	大紀町	3,050	79,726,315	26,140	68,470,468	22,449	37,914,932	12,431
406	20 長野	大桑村	891	23,276,492	26,124	0	0	78,817,488	88,460
407	08 茨城	北茨城市	12,364	322,733,645	26,103	100,455,130	8,125	98,386	8
408	21 岐阜	神戸町	5,780	150,716,324	26,075	26,000,000	4,498	35,163,000	6,084
409	09 栃木	那須塩原市	36,682	954,896,418	26,032	0	0	2,191,691,849	59,748
410	47 沖縄	与那国町	619	16,101,461	26,012	0	0	48,074,628	77,665
411	01 北海道	遠別町	881	22,911,371	26,006	0	0	129,001,219	146,426
412	01 北海道	夕張市	3,126	81,161,878	25,963	0	0	16,773,932	5,366
413	09 栃木	茂木町	4,501	116,783,827	25,946	20,000,000	4,443	784,301	174
414	14 神奈川	大磯町	9,783	253,066,287	25,868	317,359,297	32,440	81,019,717	8,282
415	19 山梨	市川三郷町	4,899	126,713,306	25,865	95,903,000	19,576	1,000	0
416	31 鳥取	日野町	851	21,954,635	25,799	0	0	100,804,872	118,455
417	01 北海道	豊頃町	1,389	35,743,392	25,733	8,000,000	5,760	61,415,523	44,216
418	07 福島	金山町	751	19,309,723	25,712	637,434	849	85,177,181	113,418
419	41 佐賀	吉野ヶ里町	3,297	84,680,387	25,684	705,395	214	286,703,093	86,959
420	18 福井	あわら市	6,925	177,440,429	25,623	0	0	80,000,000	11,552
421	26 京都	大山崎町	3,774	96,450,074	25,556	3,483,822	923	61,598,764	16,322
422	42 長崎	壱岐市	10,142	258,725,993	25,510	191,491,494	18,881	105,422,138	10,395
423	46 鹿児島	日置市	12,448	317,268,637	25,488	100,000,000	8,033	66,625,138	5,352
424	10 群馬	川場村	1,188	30,242,575	25,457	11,021,057	9,277	10,077,549	8,483
425	13 東京	台東区	60,699	1,544,502,418	25,445	2,056,107,000	33,874	0	0
426	05 秋田	横手市	26,403	669,697,806	25,364	120,000,000	4,545	250,630,759	9,493
427	12 千葉	長南町	2,707	68,589,120	25,338	0	0	61,593,950	22,754
428	38 愛媛	鬼北町	3,369	84,608,191	25,114	0	0	109,904,842	32,622
429	22 静岡	菊川市	11,880	297,287,912	25,024	110,000,000	9,259	195,693,453	16,473
430	20 長野	下條村	961	24,033,942	25,009	0	0	53,967,714	56,158
431	31 鳥取	若桜町	925	23,113,737	24,988	0	0	1,057,237	1,143
432	04 宮城	七ヶ宿町	404	10,084,886	24,963	2,053,084	5,082	52,952,547	131,071
433	24 三重	南伊勢町	5,047	125,805,548	24,927	0	0	26,509,734	5,253
434	22 静岡	裾野市	12,728	317,139,455	24,917	82,516,506	6,483	154,648,175	12,150
435	13 東京	三宅村	1,017	25,328,905	24,906	71,152,000	69,963	0	0
436	23 愛知	美浜町	6,161	153,271,089	24,878	52,572,000	8,533	90,728,575	14,726
437	05 秋田	五城目町	2,641	65,694,204	24,875	0	0	56,183,000	21,273
438	07 福島	国見町	3,029	75,266,996	24,849	17,419,000	5,751	0	0
439	47 沖縄	本部町	5,041	124,890,937	24,775	100,000,000	19,837	3,000,000	595
440	36 徳島	吉野川市	10,554	261,459,461	24,773	0	0	474,448,539	44,954
441	27 大阪	羽曳野市	34,116	844,961,296	24,767	44,236,242	1,297	922,712,326	27,046
442	01 北海道	後志広域連合	18,218	451,176,059	24,765	0	0	0	0
443	02 青森	大間町	2,554	63,215,754	24,752	77,253,458	30,248	44,505,874	17,426

平成25年度（2013年度）全国市町村国保会計一人当収支順位

順位	都道府県名	保険者名	加入者数	収支決算		一般会計法定外繰入		基金残高	
				金額	一人当	総額	一人当	総額	一人当
333	20 長野	松川町	3,944	112,872,203	28,619	0	0	30,113,730	7,635
334	11 埼玉	志木市	20,146	576,393,023	28,611	375,707,994	18,649	290,077,893	14,399
335	27 大阪	千早赤阪村	1,967	56,229,849	28,587	0	0	166,409,812	84,601
336	44 大分	津久見市	5,198	148,202,041	28,511	1,489,584	287	84,310,036	16,220
337	34 広島	江田島市	7,806	222,030,428	28,444	0	0	218,213,632	27,955
338	45 宮崎	新富町	5,678	161,269,996	28,403	3,000,000	528	56,026,570	9,867
339	08 茨城	茨城町	11,706	332,448,680	28,400	98,113,000	8,381	172,195,784	14,710
340	23 愛知	東郷町	9,725	275,841,425	28,364	1,000	0	444,900,307	45,748
341	06 山形	山辺町	3,286	93,016,824	28,307	4,867,000	1,481	148,444,806	45,175
342	22 静岡	森町	5,274	149,176,201	28,285	60,000,000	11,377	93,990,039	17,821
343	07 福島	猪苗代町	4,179	118,013,777	28,240	11,323,652	2,710	158,195,000	37,855
344	47 沖縄	南大東村	556	15,679,790	28,201	17,505,000	31,484	32,931,144	59,229
345	21 岐阜	本巣市	9,398	264,660,038	28,161	44,733,000	4,760	542,583,700	57,734
346	27 大阪	豊中市	101,406	2,853,653,174	28,141	1,168,057,000	11,519	0	0
347	01 北海道	美深町	1,379	38,653,989	28,030	20,133,000	14,600	87,307,190	63,312
348	08 茨城	美浦村	5,030	140,932,644	28,018	228,395,000	45,407	58,001,703	11,531
349	10 群馬	吉岡町	5,153	144,357,476	28,014	5,430,450	1,054	78,000,000	15,137
350	24 三重	紀宝町	3,740	104,612,354	27,971	86,026,000	23,002	12,361,596	3,305
351	08 茨城	常陸太田市	14,742	410,711,587	27,860	206,446,701	14,004	317,405,791	21,531
352	21 岐阜	山県市	8,489	236,151,207	27,818	59,728,000	7,036	475,349,024	55,996
353	07 福島	本宮市	7,491	208,233,611	27,798	260,451,631	34,769	0	0
354	23 愛知	常滑市	14,116	392,192,215	27,784	0	0	12,000,000	850
355	22 静岡	下田市	8,743	242,845,178	27,776	26,476,708	3,028	51,797,788	5,924
356	11 埼玉	上里町	9,032	250,245,609	27,707	32,931,000	3,646	0	0
357	35 山口	下松市	13,072	361,477,406	27,653	19,621,000	1,501	156,119	12
358	07 福島	北塩原村	988	27,245,608	27,577	11,946,119	12,091	0	0
359	20 長野	東御市	8,227	226,825,728	27,571	20,000,000	2,431	354,265,147	43,061
360	46 鹿児島	姶良市	18,488	508,918,636	27,527	110,000,000	5,950	100,400,000	5,431
361	08 茨城	河内町	3,339	91,844,982	27,507	3,783,893	1,133	27,445,491	8,220
362	02 青森	今別町	1,085	29,823,577	27,487	0	0	81,880,061	75,465
363	17 石川	川北町	1,139	31,179,441	27,374	35,232,884	30,933	0	0
364	12 千葉	御宿町	3,180	86,917,136	27,332	0	0	61,619,718	19,377
365	23 愛知	武豊町	10,947	299,174,096	27,329	0	0	0	0
366	04 宮城	美里町	7,278	198,764,960	27,310	8,489,651	1,166	574,498,670	78,936
367	12 千葉	我孫子市	36,336	991,632,066	27,291	0	0	1,000,000	28
368	20 長野	飯島町	2,482	67,623,028	27,245	0	0	198,098,462	79,814
369	46 鹿児島	東串良町	2,481	67,501,799	27,207	20,000,000	8,061	30,045,119	12,110
370	20 長野	岡谷市	12,378	336,702,502	27,202	62,876,640	5,080	0	0
371	34 広島	安芸太田町	1,799	48,909,913	27,187	23,146,150	12,866	132,737,432	73,784
372	47 沖縄	金武町	4,573	124,147,082	27,148	181,053,000	39,592	71,113,009	15,551
373	23 愛知	あま市	25,286	686,044,956	27,131	310,000,000	12,260	296,361,136	11,720
374	23 愛知	碧南市	17,297	468,342,464	27,077	167,793,000	9,701	100,000,000	5,781
375	03 岩手	花巻市	23,945	647,339,807	27,034	0	0	665,347,321	27,786
376	20 長野	阿智村	1,659	44,833,419	27,024	0	0	106,422,000	64,148
377	23 愛知	稲沢市	35,374	955,821,878	27,020	392,643,128	11,100	552,869,783	15,629
378	29 奈良	三宅町	2,139	57,695,540	26,973	0	0	93,507,459	43,716
379	43 熊本	甲佐町	3,581	96,562,750	26,965	0	0	178,534,720	49,856
380	01 北海道	幌延町	673	18,123,273	26,929	0	0	21,050,000	31,278
381	07 福島	桑折町	3,460	93,061,229	26,896	10,035,184	2,900	97,005,227	28,036
382	12 千葉	いすみ市	14,678	394,466,441	26,875	80,000,000	5,450	113,856,647	7,757
383	21 岐阜	輪之内町	2,486	66,688,343	26,826	9,800,000	3,942	92,053,000	37,029
384	46 鹿児島	志布志市	10,272	275,004,360	26,772	50,000,000	4,868	75,071,441	7,308
385	36 徳島	那賀町	2,316	61,906,451	26,730	0	0	0	0
386	05 秋田	能代市	15,207	404,110,930	26,574	8,425,000	554	201,050,395	13,221
387	45 宮崎	串間市	6,724	178,597,159	26,561	0	0	117,782,000	17,517
388	03 岩手	平泉町	2,225	59,094,967	26,560	0	0	0	0

順位	都道府県名	保険者名	加入者数	収支決算		一般会計法定外繰入		基金残高	
				金額	一人当	総額	一人当	総額	一人当
277	28 兵庫	播磨町	8,988	278,487,061	30,984	50,000,000	5,563	730,390,689	81,263
278	45 宮崎	川南町	6,325	194,994,415	30,829	0	0	158,105,000	24,997
279	45 宮崎	国富町	7,126	219,015,704	30,735	0	0	53,950,927	7,571
280	18 福井	大野市	8,529	261,819,696	30,698	51,771,500	6,070	56,662,704	6,644
281	11 埼玉	幸手市	16,813	515,072,550	30,635	21,473,564	1,277	508,166,236	30,225
282	29 奈良	川上村	507	15,529,794	30,631	0	0	34,901,000	68,838
283	07 福島	相馬市	10,018	306,610,251	30,606	36,802,772	3,674	417,676,609	41,693
284	04 宮城	柴田町	9,785	299,309,841	30,589	847,000	87	156,902,446	16,035
285	11 埼玉	久喜市	42,954	1,313,236,331	30,573	516,047,000	12,014	694,802,979	16,176
286	11 埼玉	横瀬町	2,556	77,985,529	30,511	52,000,000	20,344	51,964,000	20,330
287	07 福島	古殿町	1,672	50,821,584	30,396	42,122,796	25,193	0	0
288	22 静岡	牧之原市	14,255	433,253,589	30,393	22,000,000	1,543	23,202,012	1,628
289	05 秋田	美郷町	6,041	183,268,089	30,337	40,000,000	6,621	11,053,674	1,830
290	06 山形	大蔵村	1,089	33,032,495	30,333	5,203,000	4,778	80,560,080	73,976
291	06 山形	飯豊町	1,849	55,821,053	30,190	11,414,078	6,173	152,971,566	82,732
292	01 北海道	栗山町	3,931	118,394,482	30,118	0	0	350,049,866	89,049
293	13 東京	檜原村	819	24,656,494	30,106	52,959,000	64,663	1,266,557	1,546
294	04 宮城	大河原町	5,610	168,643,799	30,061	25,642,000	4,571	243,700,000	43,440
295	04 宮城	蔵王町	3,708	111,458,687	30,059	4,398,723	1,186	95,058,726	25,636
296	01 北海道	美幌町	6,141	184,454,421	30,037	92,000	15	360,483,777	58,701
297	20 長野	野沢温泉村	1,268	38,028,870	29,991	20,000,000	15,773	5,178,000	4,084
298	05 秋田	由利本荘市	21,275	637,602,201	29,970	0	0	920,157,536	43,251
299	07 福島	棚倉町	3,807	113,911,983	29,922	10,725,632	2,817	51,392,232	13,499
300	11 埼玉	川島町	6,357	190,174,016	29,916	70,157,000	11,036	3,887,597	612
301	40 福岡	大刀洗町	4,051	120,907,815	29,846	24,461,748	6,038	2,000,000	494
302	01 北海道	下川町	1,053	31,339,961	29,763	15,677,160	14,888	13,908,000	13,208
303	46 鹿児島	肝付町	5,084	151,270,355	29,754	50,000,000	9,835	0	0
304	24 三重	明和町	6,123	182,102,577	29,741	0	0	9,194,548	1,502
305	07 福島	下郷町	1,985	58,903,821	29,674	7,313,151	3,684	102,941,549	51,860
306	34 広島	大崎上島町	2,306	68,428,757	29,674	0	0	198,574,850	86,112
307	02 青森	風間浦村	875	25,897,144	29,597	0	0	67,765,952	77,447
308	43 熊本	阿蘇市	8,295	245,443,270	29,589	0	0	303,242,601	36,557
309	43 熊本	西原村	2,003	58,984,317	29,448	0	0	31,561,000	15,757
310	04 宮城	岩沼市	10,104	297,530,456	29,447	133,692,166	13,232	637,471,465	63,091
311	04 宮城	大衡村	1,382	40,638,978	29,406	30,500	22	137,729,000	99,659
312	34 広島	世羅町	4,206	123,600,947	29,387	0	0	239,997,240	57,061
313	23 愛知	東浦町	12,431	364,616,210	29,331	124,400,000	10,007	0	0
314	09 栃木	佐野市	36,032	1,056,809,243	29,330	180,752,467	5,016	772,905,198	21,451
315	11 埼玉	越生町	4,021	117,934,024	29,330	72,835,774	18,114	51,684,000	12,854
316	23 愛知	清須市	17,082	500,249,664	29,285	1,031,138,466	60,364	74,159	4
317	09 栃木	野木町	7,462	218,124,646	29,231	0	0	150,038,747	20,107
318	33 岡山	里庄町	2,626	76,529,290	29,143	0	0	186,894,773	71,171
319	09 栃木	芳賀町	5,166	150,493,077	29,131	22,661,000	4,387	216,871	42
320	21 岐阜	美濃市	6,087	176,758,708	29,039	5,667,528	931	269,348,000	44,250
321	07 福島	いわき市	84,500	2,453,735,231	29,038	458,056,317	5,421	109,936,812	1,301
322	24 三重	志摩市	18,327	531,026,316	28,975	0	0	431,519,125	23,546
323	04 宮城	南三陸町	5,443	157,589,117	28,953	108,000	20	294,014,813	54,017
324	40 福岡	上毛町	2,070	59,917,323	28,946	30,000,000	14,493	158,353,553	76,499
325	21 岐阜	飛騨市	6,657	192,629,905	28,936	0	0	509,764,685	76,576
326	20 長野	茅野市	14,876	429,207,629	28,852	35,961,130	2,417	165,310,551	11,113
327	29 奈良	下北山村	314	9,055,378	28,839	0	0	35,275,805	112,343
328	10 群馬	高山村	1,243	35,781,520	28,786	2,023,843	1,628	53,442,597	42,995
329	38 愛媛	内子町	5,458	156,730,731	28,716	0	0	258,986,408	47,451
330	08 茨城	下妻市	15,090	433,113,678	28,702	70,000,000	4,639	104,170,783	6,903
331	31 鳥取	岩美町	3,311	94,797,216	28,631	1,048,005	317	216,811,340	65,482
332	07 福島	泉崎村	1,814	51,929,844	28,627	11,591,572	6,390	30,008,424	16,543

平成25年度（2013年度）全国市町村国保会計一人当収支順位

順位	都道府県名	保険者名	加入者数	収支決算		一般会計法定外繰入		基金残高	
				金額	一人当	総額	一人当	総額	一人当
221	12 千葉	九十九里町	6,674	230,625,164	34,556	2,528,000	379	453,000	68
222	11 埼玉	蓮田市	17,067	589,217,770	34,524	100,000,000	5,859	304,768,000	17,857
223	33 岡山	吉備中央町	3,161	109,058,024	34,501	0	0	279,124,946	88,303
224	11 埼玉	神川町	4,326	148,907,774	34,422	175,003,000	40,454	8,946,664	2,068
225	33 岡山	玉野市	16,419	564,378,684	34,374	29,079,128	1,771	18,077,565	1,101
226	06 山形	大石田町	2,150	73,798,622	34,325	2,781,000	1,293	56,522,203	26,289
227	08 茨城	稲敷市	14,960	512,379,940	34,250	343,989,000	22,994	56,928,033	3,805
228	24 三重	大台町	2,894	98,835,485	34,152	23,000,000	7,947	628,000	217
229	11 埼玉	ときがわ町	3,923	133,413,672	34,008	75,161,152	19,159	5,964,398	1,520
230	11 埼玉	松伏町	9,604	326,302,369	33,976	103,367,000	10,763	590,000	61
231	08 茨城	東海村	8,624	292,716,375	33,942	252,685,477	29,300	20,000,404	2,319
232	11 埼玉	加須市	32,905	1,116,303,637	33,925	746,942,713	22,700	2,729,965	83
233	04 宮城	丸森町	4,173	141,478,570	33,903	15,532,000	3,722	231,699,460	55,523
234	47 沖縄	宜野座村	2,198	74,444,644	33,869	50,000,000	22,748	43,001,000	19,564
235	01 北海道	福島町	1,687	56,960,450	33,764		0	0	0
236	35 山口	和木町	1,440	48,555,583	33,719	3,198,000	2,221	100,000	69
237	01 北海道	興部町	1,478	49,806,314	33,698	38,646,000	26,147	3,840,604	2,599
238	07 福島	会津美里町	6,298	211,843,009	33,637	21,902,000	3,478	90,547,000	14,377
239	22 静岡	川根本町	2,244	75,272,491	33,544	0	0	132,002,912	58,825
240	28 兵庫	姫路市	138,163	4,623,971,537	33,468	497,483,000	3,601	0	0
241	11 埼玉	吉見町	6,075	202,969,699	33,411	150,000,000	24,691	7,067,933	1,163
242	11 埼玉	美里町	3,397	112,790,585	33,203	121,013,000	35,623	0	0
243	20 長野	高森町	3,212	106,226,666	33,072	0	0	32,366,081	10,077
244	06 山形	三川町	1,939	64,066,842	33,041	0	0	77,850,000	40,150
245	01 北海道	増毛町	1,233	40,702,680	33,011	0	0	259,045,457	210,094
246	28 兵庫	猪名川町	7,394	242,957,918	32,859	12,849,866	1,738	345,692,776	46,753
247	30 和歌山	すさみ町	1,695	55,631,859	32,821	41,024,318	24,203	112,940,268	66,631
248	27 大阪	島本町	7,293	238,788,497	32,742	3,162,668	434	153,237,643	21,012
249	45 宮崎	高鍋町	6,436	209,502,573	32,552	0	0	404,102,739	62,788
250	28 兵庫	明石市	70,253	2,273,909,101	32,367	200,000,000	2,847	20,555,556	293
251	10 群馬	中之条町	5,114	164,937,406	32,252	7,528,752	1,472	151,427,229	29,610
252	12 千葉	南房総市	15,779	508,488,481	32,226	3,847,388	244	237,435,488	15,048
253	24 三重	多気町	3,903	125,432,898	32,138	0	0	57,919,101	14,840
254	47 沖縄	多良間村	520	16,708,603	32,132	30,846,487	59,320	1,010,437	1,943
255	39 高知	日高村	1,488	47,779,258	32,110	2,304,511	1,549	74,522,000	50,082
256	23 愛知	愛西市	19,005	610,187,185	32,107	183,019,000	9,630	119,847,320	6,306
257	01 北海道	佐呂間町	2,142	68,710,912	32,078	57,109,564	26,662	21,877,152	10,213
258	22 静岡	南伊豆町	3,528	113,090,907	32,055	39,664,950	11,243	20,751,826	5,882
259	05 秋田	上小阿仁村	811	25,931,498	31,975	0	0	92,494,000	114,049
260	01 北海道	小平町	1,068	34,084,199	31,914	0	0	72,963,987	68,318
261	09 栃木	さくら市	11,600	368,354,349	31,755	829,686	72	229,623,706	19,795
262	37 香川	直島町	842	26,730,603	31,747	0	0	37,300,000	44,299
263	20 長野	木曽町	2,936	93,076,746	31,702	8,531,000	2,906	60,911,547	20,746
264	05 秋田	三種町	5,189	164,295,863	31,662	55,968,021	10,786	18,041,644	3,477
265	01 北海道	寿都町	914	28,927,716	31,650	13,562,000	14,838	21,995	24
266	43 熊本	山江村	1,037	32,577,029	31,415	1,099,000	1,060	50,000,000	48,216
267	22 静岡	長泉町	9,216	289,185,451	31,379	106,026,000	11,505	278,659,651	30,237
268	23 愛知	新城市	12,425	388,796,406	31,291	66,396,000	5,344	119,341,102	9,605
269	45 宮崎	木城町	1,803	56,341,967	31,249	0	0	128,040,200	71,015
270	14 神奈川	湯河原町	9,545	298,179,241	31,239	0	0	9,124,956	956
271	20 長野	青木村	1,262	39,378,679	31,203	0	0	109,543,845	86,802
272	13 東京	千代田区	11,939	372,389,404	31,191	223,005,000	18,679	0	0
273	12 千葉	勝浦市	6,758	210,737,516	31,183	0	0	0	0
274	06 山形	上山市	8,449	262,606,687	31,081	0	0	420,283,761	49,744
275	31 鳥取	八頭町	4,510	140,073,571	31,058	4,512,920	1,001	61,929,000	13,731
276	43 熊本	湯前町	1,290	40,003,166	31,010	0	0	91,505,454	70,934

順位	都道府県名	保険者名	加入者数	収支決算		一般会計法定外繰入		基金残高	
				金額	一人当	総額	一人当	総額	一人当
165	23 愛知	大治町	8,722	344,541,891	39,503	170,609,050	19,561	2,265	0
166	47 沖縄	国頭村	1,805	71,152,852	39,420	76,368,845	42,310	0	0
167	11 埼玉	皆野町	3,209	126,200,631	39,327	77,000,000	23,995	87,070,061	27,133
168	16 富山	舟橋村	421	16,553,522	39,320	1,981,000	4,705	40,000,000	95,012
169	07 福島	鮫川村	1,105	43,239,457	39,131	20,000,000	18,100	47,794,829	43,253
170	26 京都	南山城村	1,039	40,654,989	39,129	0	0	40,000,000	38,499
171	47 沖縄	渡嘉敷村	242	9,409,884	38,884	5,537,000	22,880	7,144,459	29,523
172	35 山口	防府市	27,608	1,072,133,552	38,834	44,985,000	1,629	358,439,684	12,983
173	11 埼玉	羽生市	15,503	598,690,782	38,618	216,155,580	13,943	301,777,201	19,466
174	01 北海道	芦別市	4,488	173,060,295	38,561	0	0	233,571,326	52,044
175	20 長野	平谷村	121	4,660,838	38,519	0	0	30,260,881	250,090
176	12 千葉	多古町	5,717	219,314,032	38,362	0	0	104,756,700	18,324
177	07 福島	三春町	4,818	184,657,186	38,327	15,891,869	3,298	123,418,310	25,616
178	12 千葉	長柄町	2,489	95,373,701	38,318	6,046,000	2,429	20,936,917	8,412
179	20 長野	山形村	2,571	98,310,567	38,238	1,241,856	483	23,767,000	9,244
180	14 神奈川	大井町	5,043	191,569,297	37,987	27,000,000	5,354	20,381,338	4,042
181	24 三重	伊賀市	22,988	871,678,352	37,919	0	0	1,181,191,642	51,383
182	21 岐阜	各務原市	39,815	1,498,321,356	37,632	217,914,448	5,473	251,199,255	6,309
183	36 徳島	上板町	3,279	123,158,441	37,560	0	0	70,007,499	21,350
184	37 香川	宇多津町	3,706	138,942,686	37,491	0	0	61,702	17
185	13 東京	神津島村	979	36,682,954	37,470	53,000,000	54,137	0	0
186	12 千葉	長生村	4,880	181,900,010	37,275	0	0	87,223,000	17,874
187	15 新潟	津南町	3,041	113,285,254	37,253	83,671,000	27,514	96,745,461	31,814
188	07 福島	矢祭町	1,771	65,884,610	37,202	8,931,369	5,043	4,187,639	2,365
189	19 山梨	身延町	4,102	150,975,122	36,805	33,926,130	8,271	0	0
190	09 栃木	上三川町	7,839	288,506,374	36,804	0	0	115,109,943	14,684
191	01 北海道	比布町	1,246	45,705,949	36,682	3,070,052	2,464	685,000	550
192	07 福島	白河市	16,177	593,036,757	36,659	73,226,396	4,527	172,000,136	10,632
193	43 熊本	球磨村	1,128	41,165,388	36,494	0	0	110,156,502	97,656
194	22 静岡	松崎町	2,780	101,327,677	36,449	34,226,727	12,312	12,870,000	4,629
195	07 福島	須賀川市	21,044	765,279,732	36,366	76,827,007	3,651	305,469,673	14,516
196	11 埼玉	吉川市	19,726	716,691,830	36,332	515,556,000	26,136	1,331,547	68
197	12 千葉	茂原市	28,395	1,030,902,050	36,306	0	0	151,153,000	5,323
198	31 鳥取	江府町	676	24,512,377	36,261	0	0	100,657,663	148,902
199	05 秋田	潟上市	8,350	301,997,545	36,167	0	0	130,020,000	15,571
200	44 大分	中津市	20,914	752,719,885	35,991	326,192,000	15,597	0	0
201	06 山形	高畠町	6,258	224,639,346	35,896	10,904,179	1,742	245,868,982	39,289
202	04 宮城	白石市	9,559	342,924,806	35,875	1,926,000	201	421,655,981	44,111
203	01 北海道	南幌町	2,350	84,061,510	35,771	9,740,000	4,145	56,900,641	24,213
204	24 三重	尾鷲市	5,760	205,689,180	35,710	0	0	144,539,000	25,094
205	44 大分	由布市	8,748	311,201,720	35,574	50,486,000	5,771	265,459,300	30,345
206	43 熊本	あさぎり町	4,965	176,047,484	35,458	0	0	413,646,186	83,312
207	06 山形	西川町	1,452	51,352,110	35,366	0	0	215,332,185	148,300
208	24 三重	いなべ市	10,281	362,524,565	35,262	80,000,000	7,781	467,135	45
209	33 岡山	早島町	2,985	105,051,794	35,193	65,000,000	21,776	225,999	76
210	13 東京	御蔵島村	149	5,238,484	35,158	16,707,741	112,132	0	0
211	40 福岡	吉富町	1,738	60,953,013	35,071	20,000,000	11,507	122,935,764	70,734
212	36 徳島	石井町	6,334	221,879,816	35,030	24,725,299	3,904	5,000,000	789
213	10 群馬	明和町	3,246	113,434,806	34,946	11,866,754	3,656	37,533,547	11,563
214	22 静岡	伊豆市	11,293	394,429,755	34,927	225,000,000	19,924	302,666,809	26,801
215	35 山口	美祢市	6,452	225,186,374	34,902	16,088,000	2,493	256,860,715	39,811
216	06 山形	朝日町	2,345	81,837,045	34,899	2,809,988	1,198	130,221,000	55,531
217	21 岐阜	笠松町	6,257	217,444,481	34,752	28,608,976	4,572	105,353,929	16,838
218	12 千葉	大多喜町	3,321	115,408,957	34,751	35,718,000	10,755	0	0
219	45 宮崎	えびの市	7,131	247,777,624	34,747	27,621,528	3,873	154,487,430	21,664
220	43 熊本	南小国町	1,657	57,315,365	34,590	20,000,000	12,070	20,275,228	12,236

平成25年度(2013年度)全国市町村国保会計一人当収支順位

順位	都道府県名	保険者名	加入者数	収支決算		一般会計法定外繰入		基金残高	
				金額	一人当	総額	一人当	総額	一人当
111	20 長野	原村	2,624	122,521,653	46,693	26,173,017	9,974	66,157	25
112	45 宮崎	三股町	6,614	308,770,822	46,684	4,200,000	635	197,697,000	29,891
113	23 愛知	刈谷市	30,352	1,408,714,807	46,413	400,000,000	13,179	265,278,132	8,740
114	30 和歌山	九度山町	1,551	71,541,587	46,126	958,000	618	90,215,779	58,166
115	25 滋賀	甲賀市	21,033	965,768,540	45,917	65,921,260	3,134	2,952,466	140
116	19 山梨	鳴沢村	1,106	50,549,334	45,705	4,083,481	3,692	94,883,759	85,790
117	03 岩手	金ヶ崎町	3,649	166,599,103	45,656	0	0	49,089,441	13,453
118	12 千葉	芝山町	2,944	134,397,815	45,651	50,000,000	16,984	46,289,000	15,723
119	43 熊本	水上村	758	34,346,587	45,312	401,000	529	168,893,912	222,815
120	23 愛知	阿久比町	6,631	299,288,762	45,135	22,979,088	3,465	0	0
121	43 熊本	人吉市	9,584	432,428,407	45,120	0	0	201,538,112	21,029
122	04 宮城	名取市	16,134	722,044,690	44,753	3,564,193	221	370,442,000	22,960
123	21 岐阜	垂井町	7,094	316,871,750	44,668	9,647,535	1,360	70,970,119	10,004
124	01 北海道	利尻町	706	31,506,003	44,626	5,000,000	7,082	80,212	114
125	07 福島	矢吹町	5,256	233,126,317	44,354	65,496,484	12,461	0	0
126	27 大阪	能勢町	3,590	158,745,010	44,219	22,990,259	6,404	150,911,244	42,037
127	12 千葉	神崎町	2,093	92,323,163	44,110	20,000,000	9,556	447,694	214
128	06 山形	大江町	2,099	92,480,546	44,059	7,803,000	3,717	126,619,685	60,324
129	06 山形	最上町	2,978	130,946,547	43,971	1,800,000	604	234,422,000	78,718
130	10 群馬	片品村	2,155	94,754,664	43,970	119,770,826	55,578	113,490,000	52,664
131	36 徳島	牟岐町	1,479	64,598,652	43,677	0	0	43,394,000	29,340
132	06 山形	遊佐町	3,912	170,632,654	43,618	50,000,000	12,781	321,649,339	82,221
133	01 北海道	空知中部広域連合	7,299	316,014,409	43,296	446	0	111,403,793	15,263
134	36 徳島	東みよし町	3,170	137,039,105	43,230	0	0	139,504,000	44,008
135	07 福島	喜多方市	13,969	599,857,978	42,942	116,629,008	8,349	6,838,173	490
136	15 新潟	妙高市	8,317	356,589,294	42,875	75,213,400	9,043	808,512	97
137	04 宮城	色麻町	2,089	89,349,037	42,771	9,778,000	4,681	96,400,000	46,146
138	10 群馬	長野原町	2,137	90,976,484	42,572	12,670,135	5,929	336,159	157
139	21 岐阜	川辺町	2,798	118,629,100	42,398	12,635,000	4,516	115,767,124	41,375
140	01 北海道	剣淵町	1,271	53,834,891	42,356	19,440,000	15,295	40,023,626	31,490
141	06 山形	舟形町	1,730	73,073,552	42,239	3,000,000	1,734	48,413,538	27,985
142	47 沖縄	座間味村	521	21,979,032	42,186	18,003,000	34,555	4,019	8
143	43 熊本	上天草市	9,915	417,372,846	42,095	184,362,000	18,594	230,868,492	23,285
144	45 宮崎	日南市	15,910	668,029,680	41,988	0	0	408,511,000	25,676
145	10 群馬	東吾妻町	4,516	189,203,426	41,896	8,303,017	1,839	10,708,995	2,371
146	03 岩手	滝沢市	12,172	509,413,365	41,851	0	0	227,546,678	18,694
147	07 福島	三島町	506	21,175,813	41,849	10,394,306	20,542	4,446	9
148	20 長野	王滝村	234	9,787,399	41,826	0	0	38,254,441	163,481
149	02 青森	田舎館村	2,461	102,094,213	41,485	0	0	125,320,000	50,922
150	01 北海道	大雪地区広域連合	8,653	358,848,440	41,471	5,835,000	674	123,114,326	14,228
151	07 福島	大玉村	1,996	82,654,597	41,410	91,236,000	45,709	4,167,881	2,088
152	08 茨城	常総市	21,096	872,931,128	41,379	269,444,114	12,772	17,449,000	827
153	43 熊本	芦北町	5,701	235,234,291	41,262	0	0	506,184,047	88,789
154	36 徳島	三好市	6,617	271,201,567	40,986	0	0	509,964,449	77,069
155	45 宮崎	門川町	5,751	233,640,207	40,626	0	0	70,000,000	12,172
156	33 岡山	和気町	3,985	161,863,205	40,618	0	0	138,828,423	34,838
157	04 宮城	亘理町	9,272	375,800,551	40,531	5,329,000	575	827,181,000	89,213
158	47 沖縄	伊平屋村	488	19,688,030	40,344	21,735,056	44,539	0	0
159	23 愛知	蟹江町	9,727	391,110,989	40,209	148,528,000	15,270	5,323,023	547
160	33 岡山	真庭市	11,552	462,906,747	40,072	3,480,512	301	297,009,753	25,711
161	03 岩手	野田村	1,583	63,244,990	39,953	39,838,962	25,167	35,021,761	22,124
162	20 長野	木祖村	703	27,988,186	39,812	2,600,000	3,698	64,327,077	91,504
163	12 千葉	匝瑳市	14,921	591,029,831	39,611	200,000,000	13,404	426,526,235	28,586
164	01 北海道	三笠市	2,767	109,387,610	39,533	32,392,253	11,707	344,354,860	124,451

順位	都道府県名	保険者名	加入者数	収支決算		一般会計法定外繰入		基金残高	
				金額	一人当	総額	一人当	総額	一人当
55	29 奈良	田原本町	8,776	503,443,341	57,366	0	0	100,621,547	11,466
56	20 長野	麻績村	751	43,077,139	57,360	6,000,000	7,989	16,665,000	22,190
57	07 福島	昭和村	474	27,123,271	57,222	1,007,582	2,126	54,334,089	114,629
58	24 三重	朝日町	1,677	94,598,259	56,409	0	0	79,334,000	47,307
59	32 島根	知夫村	230	12,944,221	56,279	15,480	67	83,027,691	360,990
60	01 北海道	和寒町	1,443	81,174,640	56,254	37,629,356	26,077	93,060,533	64,491
61	41 佐賀	上峰町	1,908	106,986,326	56,072	404,032	212	70,122,035	36,752
62	01 北海道	鶴居村	948	53,127,986	56,042	38,077,000	40,166	0	0
63	38 愛媛	久万高原町	2,770	154,192,855	55,665	15,455,004	5,579	155,402,490	56,102
64	09 栃木	大田原市	21,745	1,206,028,748	55,462	1,751,300	81	389,055,486	17,892
65	36 徳島	佐那河内村	731	40,328,551	55,169	1,891,479	2,588	70,053,482	95,832
66	20 長野	売木村	174	9,583,885	55,080	0	0	101,687,000	584,408
67	33 岡山	矢掛町	3,703	203,908,408	55,066	0	0	298,650,474	80,651
68	21 岐阜	大垣市	40,509	2,205,938,633	54,456	203,544,669	5,025	390,270,000	9,634
69	29 奈良	下市町	1,819	99,045,186	54,450	0	0	51,074,771	28,078
70	07 福島	天栄村	1,646	89,506,818	54,378	5,107,877	3,103	127,515,040	77,470
71	07 福島	南相馬市	21,751	1,181,170,514	54,304	32,505,204	1,494	9,139,917	420
72	35 山口	阿武町	1,198	64,691,404	54,000	1,551,000	1,295	139,474,015	116,422
73	15 新潟	関川村	1,485	79,832,916	53,760	21,000,000	14,141	49,063,043	33,039
74	38 愛媛	東温市	8,155	437,019,321	53,589	0	0	0	0
75	01 北海道	様似町	1,573	84,074,268	53,448	252,000	160	0	0
76	04 宮城	大郷町	2,201	115,963,088	52,687	8,400,719	3,817	209,917,274	95,374
77	04 宮城	松島町	4,152	218,286,137	52,574	120,000	29	165,900,632	39,957
78	01 北海道	豊富町	1,497	78,564,245	52,481	42,119,000	28,136	37,712,459	25,192
79	45 宮崎	日之影町	1,392	72,861,483	52,343	10,000,000	7,184	163,399,047	117,384
80	20 長野	宮田村	2,082	108,961,860	52,335	0	0	26,287,978	12,626
81	21 岐阜	関ヶ原町	2,243	117,227,387	52,264	10,438,180	4,654	2,539,942	1,132
82	01 北海道	上川町	1,077	56,161,520	52,146	10,000,000	9,285	50,121,449	46,538
83	46 鹿児島	錦江町	3,014	156,246,908	51,840	0	0	220,368,734	73,115
84	07 福島	磐梯町	978	50,133,667	51,261	5,330,613	5,451	92,967,156	95,058
85	07 福島	浅川町	1,844	94,349,820	51,166	40,973,000	22,220	0	0
86	47 沖縄	東村	807	41,279,204	51,151	8,373,000	10,375	38,417,000	47,605
87	09 栃木	市貝町	3,419	174,239,341	50,962	76,000,000	22,229	4,841,000	1,416
88	21 岐阜	坂祝町	2,293	116,755,275	50,918	10,684,201	4,659	61,090,924	26,642
89	23 愛知	犬山市	19,221	969,773,933	50,454	305,187,020	15,878	350,000,000	18,209
90	01 北海道	滝上町	777	38,826,704	49,970	0	0	25,018,115	32,198
91	21 岐阜	下呂市	9,289	463,576,274	49,906	18,269,000	1,967	287,032,000	30,900
92	33 岡山	西粟倉村	365	18,170,402	49,782	2,064,164	5,655	48,500,000	132,877
93	15 新潟	出雲崎町	1,232	61,157,204	49,641	10,000,000	8,117	63,418,000	51,476
94	23 愛知	豊根村	269	13,336,778	49,579	1,400,264	5,205	66,733,204	248,079
95	43 熊本	相良村	1,491	73,794,214	49,493	49,200	33	135,642,244	90,974
96	20 長野	南木曽町	1,077	53,203,310	49,400	0	0	77,924,206	72,353
97	33 岡山	浅口市	9,674	472,534,960	48,846	0	0	88,578,204	9,156
98	19 山梨	小菅村	262	12,741,480	48,632	336,212	1,283	16,293,300	62,188
99	46 鹿児島	長島町	4,043	196,590,870	48,625	0	0	119,258,078	29,497
100	43 熊本	嘉島町	2,240	108,789,002	48,567	0	0	139,769,968	62,397
101	02 青森	横浜町	1,784	86,146,511	48,288	0	0	86,417,524	48,440
102	06 山形	小国町	1,864	89,969,396	48,267	0	0	192,083,931	103,049
103	21 岐阜	七宗町	1,328	63,728,254	47,988	0	0	113,799,092	85,692
104	21 岐阜	北方町	5,304	254,058,077	47,899	14,212,148	2,680	81,531,669	15,372
105	16 富山	滑川市	6,929	330,820,205	47,744	4,616,000	666	40,000,000	5,773
106	22 静岡	小山町	4,703	223,414,993	47,505	0	0	258,456,973	54,956
107	01 北海道	本別町	2,700	128,096,700	47,443	84,239,000	31,200	46,169,515	17,100
108	08 茨城	阿見町	13,834	648,105,036	46,849	138,757,766	10,030	180,000,000	13,011
109	11 埼玉	長瀞町	2,409	112,844,072	46,843	0	0	47,296,000	19,633
110	10 群馬	榛東村	3,978	185,893,465	46,730	11,512,563	2,894	70,030,186	17,604

平成25年度（2013年度）全国市町村国保会計一人当収支順位

平成25年度国民健康保険事業報告より筆者作成

順位	都道府県名	保険者名	加入者数	収支決算		一般会計法定外繰入		基金残高	
				金額	一人当	総額	一人当	総額	一人当
1	07 福島	葛尾村	566	108,780,747	192,192	1,192,275	2,106	49,210,820	86,945
2	36 徳島	勝浦町	1,384	263,106,880	190,106	0	0	100,000,000	72,254
3	03 岩手	西和賀町	1,521	271,176,486	178,288	0	0	109,570,711	72,039
4	36 徳島	上勝町	427	71,447,252	167,324	0	0	181,231,102	424,429
5	47 沖縄	渡名喜村	146	21,246,322	145,523	6,287,283	43,064	5,915,054	40,514
6	07 福島	川内村	998	138,599,585	138,877	1,367,000	1,370	39,246,742	39,325
7	43 熊本	津奈木町	1,525	209,911,221	137,647	0	0	523,431,914	343,234
8	47 沖縄	北大東村	145	19,892,696	137,191	0	0	32,000,000	220,690
9	29 奈良	野迫川村	120	15,673,699	130,614	1,075,000	8,958	0	0
10	26 京都	笠置町	482	62,286,216	129,225	0	0	16,101,385	33,405
11	13 東京	青ヶ島村	61	7,849,523	128,681	10,000,000	163,934	14,027,833	229,964
12	29 奈良	東吉野村	772	98,147,472	127,134	0	0	81,986,370	106,200
13	10 群馬	南牧村	703	85,778,164	122,017	1,112,989	1,583	101,600,352	144,524
14	30 和歌山	高野町	1,109	134,490,636	121,272	370,000	334	107,426,000	96,867
15	19 山梨	丹波山村	189	22,648,054	119,831	4,858,544	25,707	45,735,000	241,984
16	07 福島	浪江町	8,249	966,863,562	117,210	5,195,000	630	186,709,100	22,634
17	29 奈良	上北山村	169	19,022,464	112,559	5,350,870	31,662	3,000,000	17,751
18	10 群馬	神流町	659	70,119,164	106,402	870,716	1,321	270,847,702	410,998
19	39 高知	大川村	82	8,270,072	100,855	0	0	81,728,147	996,685
20	07 福島	楢葉町	2,726	268,291,125	98,419	115,000	42	33,823,000	12,408
21	45 宮崎	西米良村	380	37,135,279	97,724	0	0	140,938,000	370,889
22	04 宮城	山元町	4,162	402,168,172	96,629	7,107,000	1,708	391,816,000	94,141
23	01 北海道	赤平市	3,064	283,867,419	92,646	12,471,124	4,070	0	0
24	43 熊本	水俣市	7,228	663,245,314	91,761	0	0	472,511,302	65,372
25	19 山梨	早川町	328	28,372,586	86,502	14,859,367	45,303	33,856,447	103,221
26	20 長野	根羽村	233	19,858,360	85,229	0	0	97,403,754	418,042
27	07 福島	双葉町	2,512	212,994,437	84,791	200,867	80	65,308,135	25,998
28	36 徳島	神山町	1,586	134,227,259	84,633	0	0	100,000,000	63,052
29	05 秋田	八郎潟町	1,656	138,516,674	83,645	0	0	20,001,000	12,078
30	29 奈良	黒滝村	244	20,111,418	82,424	0	0	23,498,093	96,304
31	01 北海道	木古内町	1,513	123,180,316	81,415	17,201,000	11,369	0	0
32	15 新潟	粟島浦村	98	7,934,528	80,965	0	0	36,000,000	367,347
33	20 長野	南相木村	369	29,736,351	80,586	12,000,000	32,520	9,388,749	25,444
34	33 岡山	新庄村	264	21,162,484	80,161	2,230,000	8,447	94,991,982	359,818
35	07 福島	富岡町	5,383	428,915,213	79,680	24,117,000	4,480	0	0
36	06 山形	最上地区広域連合	7,195	550,052,861	76,449	208,391,000	28,963	172,468,293	23,971
37	47 沖縄	大宜味村	1,210	89,749,397	74,173	71,205,000	58,847	1,580,000	1,306
38	07 福島	大熊町	4,109	304,050,134	73,996	479,280	117	285,268,283	69,425
39	13 東京	利島村	110	8,068,858	73,353	15,247,976	138,618	68,366,919	621,517
40	18 福井	池田町	691	50,033,411	72,407	0	0	131,656,202	190,530
41	10 群馬	みなかみ町	6,969	486,441,648	69,801	7,038,055	1,010	301,294,879	43,234
42	01 北海道	初山別村	411	27,102,506	65,943	0	0	79,067,263	192,378
43	34 広島	安芸高田市	7,329	471,929,849	64,392	88,317,750	12,050	324,082,093	44,219
44	20 長野	栄村	633	40,504,037	63,987	10,018,391	15,827	34,475,610	54,464
45	23 愛知	飛島村	1,338	85,052,586	63,567	24,000,000	17,937	30,925,199	23,113
46	23 愛知	東栄町	1,053	66,413,462	63,071	800,000	760	111,590,657	105,974
47	36 徳島	つるぎ町	2,483	152,530,001	61,430	90,000	36	145,583,123	58,632
48	45 宮崎	諸塚村	563	34,554,813	61,376	0	0	62,391,106	110,819
49	03 岩手	大槌町	3,760	229,178,377	60,952	0	0	201,270,468	53,529
50	05 秋田	井川町	1,159	69,653,181	60,098	1,534,000	1,324	68,100,000	58,758
51	11 埼玉	東秩父村	1,039	61,593,766	59,282	0	0	4,849,405	4,667
52	19 山梨	南部町	2,246	132,142,671	58,835	88,106,450	39,228	15,363,055	6,840
53	01 北海道	沼田町	1,107	64,813,048	58,548	297,000	268	83,524,124	75,451
54	21 岐阜	東白川村	745	43,597,682	58,520	30,000,000	40,268	765,000	1,027

【図表19】

平成25年度（2013年度）全国市町村国保会計一人当収支順位

みなさんは、ご自分の住んでいる自治体の国保会計が赤字でとても大変だとおもっていませんか?

実は全国の市町村国保会計は、黒字のところの方が多いのです。

「いやいや、一般会計法定外繰入をたくさんしているから黒字なんでしょ？　本当は赤字なんでしょ?」という方もおられますが、実は一般会計法定外繰入をしていない自治体はとても多いのです。

さらに、基金を山のように積み上げているところもあります。

全国の自治体の収支の傾向をひとことで言うと、小さい自治体、つまり町村ほど黒字で、大きい自治体、特に政令市、中核市、県庁所在地は概ね赤字です。

そうしたことをわかりやすくするために、収支、一般会計法定外繰入、基金残高をすべて被保険者（加入者）一人当金額で計算して、一人当収支の黒字額が多いところから並べてみました。それがこの順位表です。

一人当黒字金額が大きく、一般会計法定外繰入をしていない、もしくは黒字に比べて少額である自治体は、保険料（税）そのものが相当高く設定されていると考えられます。さらに膨大な基金があるのならば……

それは「黒字すぎる自治体」ですから、なんの原資もなく、保険料（税）の値下げが出来る自治体だとお考えください。

さあ、あなたのお住まいの自治体は黒字ですか？　赤字ですか？　ぜひ確認下さい。

【著者紹介】

●寺内　順子（てらうちじゅんこ）

1960年生まれ。佛教大学社会学部社会福祉学科卒業後、豊中の障害者施設に勤務、1991年大阪社会保障推進協議会入局、現在事務局長。

これまでの著書（共著含む）は『国保広域化でいのちは守れない』（2010年、かもがわ出版）、『国保の危機は本当か？』（2011年、日本機関紙出版センター）、『住民運動のための国保ハンドブック2012』（2012年、同）、『2025年介護保険は使えない？』（2013年、同）、『明日もやっぱりきものを着よう』（2013年、同）、『基礎から学ぶ国保』（2015年、同）ほか、大阪社保協ハンドブックシリーズなど多数。

検証！ 国保都道府県単位化問題　統一国保は市町村自治の否定

2016年5月10日　初版第1刷発行

著　者　寺内　順子
発行者　坂手　崇保
発行所　日本機関紙出版センター
〒553-0006　大阪市福島区吉野3-2-35
TEL 06-6465-1254　FAX 06-6465-1255
本文組版　Third
編集　丸尾忠義
印刷・製本　シナノパブリッシングプレス

ISBN978-4-88900-933-0